Petra Kolip

Kohlrouladen & Krautwickel

Fotos: Walter Pfisterer & Johanna Gollob

Das Genießen gehört zu den angenehmsten Freuden des Menschen.

frei nach Auguste Escoffier
aus dem „Guide Culinaire"

Inhalt

Wissenswertes über Kohl — 8

Eine alte Kulturpflanze aus
dem Mittelmeerraum — 8
Anbau — 8
Kohl in der Küche — 9
Was ist drin im Kohl? — 10

Kleine Kohlporträts — 10

Weißkohl 10 · Wirsing 11 · Rotkohl 12 ·
Grünkohl 13 · Palmkohl 14 · Chinakohl 15 ·
Pak Choi und Choi Sum 16 · Kai Choi 17

Slow Food Arche des Geschmacks — 17
Kleiner Sprachführer — 17

Das Geheimnis einer guten Kohlroulade — 18

Die Hülle — 19
Die Füllung — 20
Anbraten und schmoren — 22
Keine Kohlroulade ohne Sauce — 23
Die passende Begleitung zu Kohlrouladen — 24
Wohin mit den Resten? — 24

Rezepte 25

Kohlrouladen mit Fleisch 28
Kohlrouladen mit Fisch und Meeresfrüchten 76
Kohlrouladen mit vegetarischer Füllung 94
Rouladen mit Mangold, Salat und Weinblättern 128
Beste Reste aus Kohl 144

Anhang 165

Sehens- und Wissenswertes 166
Bio-Saatgut 168
Rezeptverzeichnis 170
Stichwortverzeichnis 172
Saisontabelle 173
Abkürzungen und Hinweise zu den Rezepten 174
Über die Autorin 174
Impressum 175
Buchempfehlungen 176

Wissenswertes über Kohl

EINE ALTE KULTURPFLANZE AUS DEM MITTELMEERRAUM

Der Kohl, botanisch zur Familie der Kreuzblütler (*Brassicaceae*) gehörend, stammt ursprünglich vermutlich aus dem Mittelmeerraum. Lateinische und griechische Schriften aus dem Altertum zeugen davon, dass bereits in der Römischen Antike und im antiken Griechenland Kohlgerichte zubereitet wurden. Allerdings hatte die Urform, der Wildkohl, der heute noch an den Küsten des Atlantiks und am Mittelmeer sowie auf Helgoland („Klippenkohl") wächst, keinen festen Kopf, sondern bestand aus Blättern ähnlich dem Grünkohl.
Die Gattung Kohl (*Brassica*), die Carl von Linné 1753 erstmals beschrieb, umfasst knapp 40 Arten. Zu ihr gehören neben den weiter unten beschriebenen Sorten z. B. auch Senf, Raps, Blumenkohl und Brokkoli.

Für Kohlrouladen und Krautwickel wird meist eine Varietät des Gemüsekohls (*Brassica oleracea L.*) verwendet, hier in der Regel der so genannte Kopfkohl (Weißkohl, Wirsing, Rotkohl), aber auch Grünkohl und Palmkohl spielen eine Rolle. Außerdem können Varietäten der Rübsen (*Brassica rapa L.*), z. B. Chinakohl, Pak Choi oder Choisum und Indischer Senf/Kai Choi (*Brassica juncea*) in der Kohlrouladenküche eingesetzt werden.
Kopfkohl war schon im Mittelalter bekannt, wie alte Kräuterbücher belegen. Er wird seit dem 11. Jahrhundert angebaut und war bis zur Entdeckung der Kartoffel durch spanische Seefahrer im 16. Jahrhundert neben Getreide das Hauptnahrungsmittel der Bevölkerung.

ANBAU

Gemüsekohl braucht viele Nährstoffe und genügend Feuchtigkeit. So verwundert es nicht, dass er vom Mittelmeer seinen Weg nach Norden gefunden hat. Das größte zusammenhängende Kohlanbaugebiet Europas liegt im schleswig-holsteinischen Dithmarschen. Seit den 1890er Jahren wird hier Kohl angebaut, der in Norddeutschland gut gedeiht. Die jährlichen Dithmarscher Kohltage im September zeugen von der großen Bedeutung, die das Gemüse für die Region auch heute noch hat (siehe auch Seite 166).
Heute werden deutschlandweit jährlich 473.000 Tonnen Weißkohl, 124.000 Tonnen Rotkohl und 50.000 Tonnen Wirsing geerntet. Weißkohl steht damit auf Platz vier der im Freiland wachsenden Gemüsesorten (nach Spargel, Möhren und Speisezwiebeln). Angebaut werden vor allem rundköpfige Sorten, da sie leichter zu ernten sind. Aber es gibt auch andere Formen, so den kegelförmigen Spitzkohl, der vor allem südlich von Stuttgart angebaut und zu Filderkraut, einer feinen Sauerkrautspezialität, verarbeitet wird. In Norddeutschland wiederum werden auch flache Kohlsorten produziert.
Pro Kopf verzehren die Deutschen jährlich fünf Kilogramm Weiß- und Rotkohl – kein Wunder, ist Kohl doch ein preiswertes und gesundes Lebensmittel, das sich vielfältig zubereiten lässt.
Gemüsekohl wird ganzjährig angebaut. Die im Frühjahr und Sommer geernteten Sorten haben meist lockerere Köpfe. Die späten Sorten sind kompakter und lange haltbar. Im Herbst und Winter geerntete feste Kohlköpfe halten sich in kühlen Kellern mehrere Monate. Im Gemüsefach können Weiß- und Rotkohl etwa zwei Wochen, Wirsing und

Spitzkohl etwa fünf Tage aufbewahrt werden. Wird Kohl angeschnitten, sollte die Schnittfläche abgedeckt werden. Kohl nicht zusammen mit Lebensmitteln lagern, die Ethen (Ethylen) produzieren, also z. B. Äpfeln, Birnen und Tomaten, da sonst der Kohl schnell altert und die Blätter welken.

KOHL IN DER KÜCHE

Kopfkohl findet auf vielen Wegen seinen Weg in die Küche, nicht nur als Kohlroulade oder Krautwickel. Auch Rohkostsalate und Schmorkohl sind bekannt, ebenso das Sauerkraut, bei dem feingehobelter Weiß- oder Spitzkohl fermentiert wird. Er hat einen hohen Anteil an Senfölen, die zum typischen Geschmack beitragen. Senföl hat zwar eine antibiotische Wirkung, aber auch einen olfaktorischen Nachteil: Wird Kohl zu lange gekocht, zersetzen sich die Senföle und es riecht streng. Mit einem kleinen Trick ist den Küchengerüchen beizukommen: Eine kurze Kochzeit verhindert die Freisetzung der schwefeligen Gerüche und trägt zudem dazu bei, dass die Nährstoffe erhalten bleiben.
Die Vorbehalte gegen Kohlgerichte kommen zudem daher, dass Kohl eine blähende Wirkung hat. Diese wird abgemildert, wenn Kümmel, Anis oder Fenchel beigefügt oder als Tee nach dem Essen getrunken werden. Wer selten Kohl isst, sollte Spitzkohl oder Urkohl probieren – diese sind zarter und bekömmlicher.
Demgegenüber stehen aber zahlreiche positive Aspekte: Kohl ist kalorienarm und ballaststoffreich, und kaum ein Gemüse enthält so viel Vitamin C wie Kohl: 100 g Rotkohl ist genauso Vitamin-C-reich wie 200 ml Orangensaft! Kurios zudem: Wird Kohl gekocht, erhöht sich der Vitamin-C-Gehalt sogar noch – es sei denn, er wird zu lange gekocht, dann wird das Vitamin C wieder zerstört (siehe folgender Abschnitt zur Küchenchemie).

Küchenchemie – Warum gekochter Weißkohl mehr Vitamin C enthält als Weißkohlrohkost

Alle Kohlarten haben einen hohen Anteil an Vitamin C (Ascorbinsäure). Im Kohl kommen zudem auch Vorstufen des Vitamins in Form von Ascorbigen A und B vor (C-2-Scatyl-L-Ascorbinsäure). Beim Kochen zerfallen die Vorstufen (in L-Ascorbinsäure und 3-Hydroxyindol), so dass in gegartem Kohl häufig ein höherer Gehalt an Vitamin C enthalten ist.
Doch mit dem hohen Vitamin-C-Gehalt nicht genug! Alle Kohlsorten haben zudem einen hohen Anteil an B-Vitaminen und besitzen viele Mineralstoffe wie Kalium, Kalzium, Magnesium und Eisen (siehe Tabelle auf der folgenden Seite „Was ist drin im Kohl?"). Gerade der hohe Eisenanteil macht Kohl zu einem attraktiven Gemüse für Vegetarier. Auch der Selenanteil ist hoch. Rotkohl enthält außerdem den Farbstoff Anthocyan, einen sekundären Pflanzenstoff. So verwundert es nicht, dass Kohl als sehr gesundes Gemüse gilt, dem seit dem Mittelalter zahlreiche gesundheitsförderliche Wirkungen zugesprochen werden. Vorsicht ist lediglich für Schilddrüsenkranke geboten: Weißkohl enthält Glucosinolate. Die Spaltprodukte hemmen die Jodidaufnahme, deshalb kann bei vermehrtem Konsum eine Vergrößerung der Schilddrüse auftreten.

WAS IST DRIN IM KOHL? NÄHRWERT VERSCHIEDENER KOHLSORTEN (JE 100 G)

	kcal	kj	Fett (g)	Kalium (mg)	Kalzium (mg)	Magnesium (mg)	Eisen (mg)	Vitamin C (mg)
WEISSKOHL	25	105	0,10	170	40	12	0,47	37
ROTKOHL	31	130	0,16	243	45	16	0,80	57
WIRSING	27	113	0,10	230	35	28	0,40	31
SPITZKOHL	23	96	0,3	249	50	9	1,00	60
GRÜNKOHL	45	189	0,9	451	212	31	1,90	105
PALMKOHL	25	105	0,2	k.A.	k.A.	k.A.	k.A.	k.A.
CHINAKOHL	12	51	0,30	144	40	11	0,6	26
PAK CHOI	13	55	0,20	252	105	19	0,80	45

Quellen: The National Agricultural Library, National Nutrient Database for Standard Reference Release 28 (k.A. = keine Angabe); FDDB-Datenbank, www.fddb.info (Grünkohl, Chinakohl, Spitzkohl)

Kleine Kohlporträts
Weißkohl
BRASSICA OLERACEA CONVAR. CAPITATA VAR. ALBA L. · FOTO SEITE 6/7

Der *Weißkohl* ist rund und hat einen festen Kopf. Die Blätter sind hellgrün und knackig und mit einer leichten Wachsschicht überzogen. Er ist im Geschmack etwas süßlich. Weißkohl gibt es in zahlreichen Sorten, die für Kohlrouladen interessant sind. So fällt der *Spitzkohl* durch seine zu einer Spitze empor gewickelten Blätter auf. Der Kopf ist lockerer als der Weißkohlkopf, dadurch ist er etwas empfindlicher und weniger lagerfähig. Auch das Aufwärmen bekommt ihm nicht. Die Blätter sind gelb- bis blaugrün. Er schmeckt etwas feiner als Weißkohl, aber seine Blätter sind häufig kleiner und deshalb für größere Kohlrouladen nicht so gut geeignet. Weißer Spitzkohl gehört zu den frühen Kohlsorten und wird je nach Witterung bereits zwischen Mai und Juni geerntet.

Eine Spitzkohl-Spezialität ist das *Filderkraut*, das auf einer Hochebene südlich von Stuttgart – auf den Fildern – wächst. Das Filderkraut ist ein Passagier in der Slow-Food-Arche des Geschmacks (siehe Seite 17). Das Filder-Spitzkraut hat zarte Blattrippen und einen feinen Geschmack, der das Delikatess-Sauerkraut mit dem gleichen Namen so beliebt macht. Die auch *Haible* genannten Kohlköpfe werden abhängig von der Saison im Oktober geerntet. Filderkraut ist noch gesünder und vitalstoffreicher als Weißkohl, die Garzeit ist etwas kürzer als beim Weißkohl.

Eine Besonderheit sind flache Kohlsorten, die vor allem im norddeutschen Raum als Nach- bzw. Neuzüchtung des Urkohls (*„Ackerpille"* oder Jaroma®-Kohl) angebaut werden, die süddeutsche Variante nennt sich Filoma®. Er gart schnell, bläht nicht und schmeckt im Vergleich mild. Der „Urkohl" hat allerdings etwas spröde Blätter, deshalb ist er für Kohlrouladen weniger geeignet.

Das *Ismaninger Kraut* ist eine oberbayerische Spezialität. Es handelt sich um eine eigene botanische Weißkraut-Variante, die durch ihre großen, bis zu zehn Kilo schweren Köpfe besticht. Er hat eine flachrunde Form, einen langen Strunk und einen lockeren Kopf mit mild-süßem Geschmack. Er wurde vom Verein Slow Food als Passagier in die Arche des Geschmacks aufgenommen.

Wirsing
BRASSICA OLERACEA CONVAR. CAPITATA VAR. SABAUDA L.

Verglichen mit Weiß- und Rotkohl hat der Wirsing einen lockeren Kopf. Die Blätter sind gewellt und kraus, die äußeren dabei dunkelgrün und ledrig, die inneren hellgrün und zart. Die Rippenstruktur fällt stark ins Auge. Der Strunk ist im Vergleich zu Weiß- und Rotkohl etwas stärker ausgebildet. Wirsing ist nicht so frostempfindlich, die geernteten Köpfe sind aber aufgrund ihrer lockereren Struktur weniger haltbar.
Ähnlich wie beim Weißkohl gibt es auch den Wirsing in einer flachen Variante, die aber selten erhältlich ist. Eine Besonderheit ist der *Maiwirsing,* der im Raum Köln-Bonn im Vorgebirge angebaut wird und ebenfalls ein Passagier in der Slow Food Arche des Geschmacks ist. Der Maiwirsing wird im Frühjahr geerntet und kommt lediglich in den regionalen Handel.
Auch der *Bamberger Spitzwirsing* ist eine regionale Spezialität und ein Arche-Passagier, der einen großen, lockeren Kopf hat. Die Blätter sind weniger gekräuselt als beim Wirsing und deshalb zarter.

Rotkohl
BRASSICA OLERACEA CONVAR. CAPITATA VAR. RUBRA L.

Der Rotkohl hat einen kompakten, festen Kopf. Die Blätter sind außen etwas wächsern und rot gefärbt. Verantwortlich für die Färbung ist das im Rotkohl enthaltene Anthocyan (das eine gesundheitsfördernde, antioxidative Wirkung hat). Je nach pH-Wert ändert der Kohl seine Farbe: Wächst er auf sauren Böden, ist er eher rot, auf alkalischen Böden eher blau. Aus diesem Grund wird er in einigen Gegenden als Blaukraut, in anderen als Rotkraut bezeichnet. Das gleiche Farbspiel zeigt sich beim Kochen: Wird dem Essen Säure beigegeben (z. B. durch Essig oder säuerliche Früchte wie Äpfel), bekommt das Gericht eine kräftig rote Farbe. Wird Natron zugegeben, wie es z. B. in Schwaben, Franken oder Bayern üblich ist, verändert sich die Farbe ins bläulich-violette. Rotkohl ist ein typisches Wintergemüse, das im Frühjahr ausgesät und im Spätherbst geerntet wird.

Auch Rotkohl gibt es in als Spitzkohl. Hier gilt wie beim weißen Spitzkohl, dass die Blätter locker um den Kopf liegen und diese zarter sind, als die Blätter vom runden Rotkohl. Der rote Spitzkohl wird etwas später als der weiße geerntet, da seine Wachstumsphase länger dauert.

Grünkohl
BRASSICA OLERACEA VAR. SABELLICA L.

Das typische Wintergemüse ist eine vor allem in Norddeutschland beliebte Blattkohlart, die wie Wildkohl keinen Kopf ausbildet. Grünkohl gleicht mit Stamm und ausladender Blätterkrone einer kleinen Palme, deren Form er auch so manchen Namen verdankt. Grünkohl wächst in verschiedenen Sorten mit starker oder mittlerer Kräuselung und grünen, braunen oder violetten Blättern. So wird die Sorte *Ostfriesische Palme* bis zu 1,80 m hoch. Eine besondere Delikatesse ist die Sorte *Lerchenzungen*, die manchmal noch rund um Hamburg angebaut wird. Grünkohl wird nach dem ersten Frost geerntet, da der Geschmack dann etwas süßlicher ist. Inzwischen gilt Grünkohl als „Superfood": Vitalstoffreich erobert er als Trendgemüse auch die Speisekarten der Edelrestaurants. Mit 105 mg enthält Grünkohl mehr Vitamin C als die meisten anderen Obst- und Gemüsesorten und ist eine hervorragende Vitaminquelle im Winter. Für die Zubereitung von Kohlrouladen ist der Grünkohl nur bedingt geeignet, da die Blätter sehr kraus sind.

Palmkohl
BRASSICA OLERACEA VAR. PALMIFOLIA DC.

Der Schwarzkohl, auch Palmkohl, Toskanischer Palmkohl oder Cavolo nero genannt, hat längliche Blätter und schmeckt etwas milder als Grünkohl. Er wird, der Name verrät es, überwiegend in Norditalien angebaut. Die länglichen, leicht krausen und dunkel- bis schwarzgrün gefärbten Blätter werden meist klein geschnitten u. a. in einem Eintopf (Ribollita) bzw. in Portugal in der Gemüsesuppe Caldo Verde verwendet, aber auch diese Blätter lassen sich als Umhüllung für kleine Kohlrouladen einsetzen. Palmkohl fand in früheren Zeiten auch außerhalb der Küche der Verwendung: Da manche Sorten bis zu drei Meter hoch werden – z. B. auf der Insel Jersey –, wurden aus den langen, verholzten Strünken Spazierstöcke gefertigt.

Chinakohl
BRASSICA RAPA SUBSP. PEKINENSIS

Neben den genannten Kopfkohlsorten sind auch Chinakohl, Pak Choi und Choisum als „Verpackungskohl" interessant. Chinakohl (auch Pekingkohl oder Blätterkohl) ist wie Pak Choi und Choisum kein Gemüsekohl, sondern gehört zu den Rübsen (*Brassica rapa L.*), und wie der Name verrät, stammt er ursprünglich aus Asien. Chinakohl ist leicht zylindrisch geformt und hat weiße bis hellgrüne Blätter mit breiter Rippe. Er ist sehr zart und gart schnell, ist also für Füllungen geeignet, die bereits vorgegart sind oder ebenfalls schnell garen. Er ist leicht bekömmlich und noch kalorienärmer als der Gemüsekohl, enthält aber auch weniger Vitamin C.

Chinakohl ist empfindlich. Die Blätter sollten knackig und frisch sein. Er hält sich im Gemüsefach ungefähr zwei Tage. Er ist ganzjährig im Angebot, stammt aber nur in den Monaten August bis Oktober aus heimischer Produktion. Eine relativ neue Züchtung ist der rotblättrige Chinakohl, der eine optisch attraktive Variante zur bekannten grün-gelblichen Farbgebung ist.

Choisum
BRASSICA RAPA SUBSP. PARACHINENSIS

Pak Choi (auch Senfkohl oder chinesischer Blattsenf) ähnelt im Aussehen Mangold, ist aber mit dem Chinakohl verwandt, wie auch der in Deutschland nur in asiatischen Lebensmittelläden erhältliche Choisum. Beide haben vergleichsweise kleine Blätter, sind also nur für kleine Rouladen geeignet. Dafür sind ihre Blätter sehr reißfest und der Kohl gart schnell. Geschmacklich erinnern beide kaum an Kohl. Am ehesten sind Pak Choi und Choisum für jene Rezepte geeignet, in denen eine Füllung üblicherweise mit Mangoldblättern umhüllt werden kann. Choisum sieht völlig anders aus als Pak Choi – er erinnert eher an Stielkohl und seine fleischigen Stiele und gelben Blüten sind ebenso essbar, aber schmecken etwas kräftiger als die delikaten Blätter. Aufgrund der langen Transportwege sind zwar regionale Sorte vorzuziehen, aber kulinarisch sind auch diese Chinakohl-Verwandten interessant.

Kai Choi
BRASSICA JUNCEA

Auch der im asiatischen Raum beheimatete und bei uns wenig bekannte Indische Senf(kohl) hat Blätter, die sich für kleinere Rouladen eignen. Die Blätter werden in der asiatischen Küche meist kleingeschnitten für Wok-Gerichte oder als fermentiertes Gemüse verwendet. Sie haben einen kräftigen, senfähnlichen Geschmack. Kai Choi sieht ein wenig wie die Kreuzung von Pak Choi mit offenem Eisbergsalat aus. Er hat aber hellgrüne Blätter und auch seine Stiele sind hellgrün.

Slow Food Arche des Geschmacks

Slow Food ist eine internationale Bewegung, die sich dafür einsetzt, dass jeder Mensch Zugang zu Nahrung hat, die sein Wohlergehen sowie das der Produzenten und der Umwelt erhält. Der Verein setzt sich für gute, saubere und faire Lebensmittel ein. Die Arche des Geschmacks wurde 1996 ins Leben gerufen, um fast vergessene traditionelle Lebensmittel, die in Gefahr sind, völlig zu verschwinden, zu katalogisieren und bekannt zu machen, nach dem Motto: Essen, was man retten will. In der Arche reisen gleich mehrere deutsche Kohlsorten als Passagiere: *Bamberger Spitzwirsing, Bremer Scheerkohl, Filder Spitzkraut, Maiwirsing* und das *Ismaninger Kraut*.

http://www.slowfood.de/biokulturelle_vielfalt/die_arche_passagiere/

Kleiner Sprachführer

Die verschiedenen Kohlarten sind in Deutschland, Österreich und der Schweiz weit verbreitet. Entsprechend vielfältig sind die Namen, die sie regional tragen.

WEISSKOHL Weißkraut, Weißkabis, Kabbes, Kappes, Kappus, Kabis, Kraut, Komst

ROTKOHL Blaukohl, Blau-, Rotkraut, Rotkabis, Blaukabis, Rotkappes, Blaukappes, Roter Kappes

WIRSING Wirsingkohl, Wirz, Welschkohl, Welschkraut, Wirsching, Savoyer Kohl, Kohl (Österreich)

Das Geheimnis einer guten Kohlroulade

Kohlrouladen und Krautwickel sind variable Gerichte. Je nach Kohlsorte, Füllung und Sauce, schmecken sie mal deftig, mal edel. Die Vorbereitung einer Kohlroulade braucht etwas Zeit, weil die Blätter blanchiert und die Päckchen gewickelt werden wollen. Sobald sie aber einmal im Topf sind, „schmurgeln" sie vor sich hin und benötigen wenig Aufmerksamkeit.

Die beliebteste Kohlsorte für Wickel und Rouladen ist sicherlich der Wirsing: Die Blätter sind einfach vom Kopf abzulösen und haben einen kräftigen Eigengeschmack, der vor allem zu Fleischfüllungen passt. Auch Weißkohl, Spitzkohl oder die Urkohl-Nachzüchtungen sind als Umhüllung für Kohlrouladen gut geeignet. Die Blätter schmecken etwas süßlicher und auch feiner als Wirsing. Rotkohlrouladen bestechen durch ihre ungewöhnliche Farbe, die mit etwas Säure im Blanchierwasser erhalten bleibt. Rotkohl passt gut zu kräftigen Fleischfüllungen, z. B. zu Wild oder Lamm. Interessant schmecken Krautwickel, die aus sauer eingelegtem Kohl zubereitet werden – als „Sarma" oder „Sarmale", typischen Gerichten aus mittel- und osteuropäischen Ländern (siehe Rezeptteil, Seite 59 f.). Auch Chinakohl lässt sich zu Rouladen verarbeiten. Die Blätter garen allerdings schnell, so dass sie nur für Füllungen geeignet sind, die vorgegart wurden.

Für alle Gerichte im Rezeptteil gilt, dass sie variiert werden können: Eine Weißkohlroulade mit Kalb und Senfsauce lässt sich auch mit Wirsing zubereiten, Wirsingrouladen mit Lamm in Steinpilzsahne bekommen mit Rotkohl eine rustikale Note.

In der Regel reichen pro Roulade zwei Kohlblätter, wenn in die Blätter etwa zwei Esslöffel Füllung „verpackt" werden („große" Kohlroulade). Werden kleinere Kohlrouladen hergestellt, wird ein größeres Blatt für einen Esslöffel Füllung benötigt. Die Roulade kann mit weiteren Blättern ummantelt werden, wenn ein dickerer Kohlmantel gewünscht ist. Für die weitere Verarbeitung ist es optimal, wenn die Blätter mindestens so groß sind wie ein Frühstücksteller, dann quillt die Füllung nicht an den Seiten heraus. Kleinere Blätter lassen sich in Rouladen mit mehreren Blättern verarbeiten: Sie kommen dann nach innen und werden durch ein größeres Außenblatt gehalten.

Die Hülle
Kohlblätter blanchieren und Blattrippen flach schneiden

Die meisten Kohlblätter müssen in einem ersten Schritt blanchiert, d. h. in Salzwasser (1 TL Salz auf 2 l Wasser) vorgegart werden. Um die Blätter besser rollen zu können, wird die dicke Mittelrippe zudem etwas flach geschnitten. Dies kann vor oder nach dem Blanchieren geschehen (2). Ist die Blattrippe nicht allzu dick, kann sie mit einem Fleischklopfer flach geklopft werden. Ob beim Wirsing die dunkelgrünen äußeren Blätter mitverarbeitet werden, ist Geschmacksache: Einige mögen den etwas kräftigeren Geschmack, andere bevorzugen die inneren, helleren Blätter. Rouladen mit dunkelgrünen Wirsingblättern benötigen häufig eine um fünf Minuten verlängerte Garzeit.

Zum Blanchieren wird ein großer Topf benötigt, in dem das Salzwasser zum Kochen gebracht wird (1). Durch das Blanchieren werden die Blätter weicher und elastisch, so lassen sie sich gut rollen.

Es gibt zwei Möglichkeiten, Kohl zu blanchieren: Die Blätter können einzeln vom Strunk gelöst und für wenige Minuten in das kochende Salzwasser gegeben werden. Danach werden die Blätter herausgenommen. Diese Methode eignet sich gut für Blätter, die sich leicht vom Kopf lösen lassen, also für Wirsing und nicht zu feste Weißkohl- oder Rotkohlsorten. Die Blanchierzeit orientiert sich einerseits an der Dicke der Blätter und an der Kohlsorte – sie kann zwischen zwei und fünf Minuten betragen. Andererseits richtet sie sich nach dem Geschmack – wer die Kohlblätter mit mehr Biss mag, nimmt eine kürzere Blanchierzeit.

Alternativ kann der Strunk zunächst keilförmig herausgeschnitten und der ganze Kopf in das kochende Wasser gegeben werden. Nach zwei Minuten wird der Kopf herausgehoben und die äußeren Blätter werden abgelöst. Der Vorgang wird solange wiederholt, bis genügend Blätter blanchiert sind. Diese Methode eignet sich dann, wenn der Kopf fester ist und die Blätter leicht einreißen (z. B. Weiß- oder Rotkohl).

Nachdem die Kohlblätter aus dem Wasser gehoben wurden, können sie in Eiswasser abgeschreckt werden (siehe folgender Abschnitt). Danach werden die Blätter getrocknet (mit Küchenpapier abgetupft oder in der Salatschleuder vorsichtig trocken geschleudert), auf einer Arbeitsplatte ausgebreitet und nach Geschmack leicht gesalzen und gepfeffert. Falls die Kohlroulade in mehrere Blätter eingewickelt werden soll, kommt das größere Blatt nach unten.

EISWASSER NACH DEM BLANCHIEREN? *In vielen Rezepten findet sich der Hinweis, dass Sie die Blätter nach dem Blanchieren in Eiswasser abkühlen sollen. Hierdurch wird der Garvorgang unterbrochen und die Blätter behalten ihre Farbe. Geschmacklich ändert sich dadurch nichts.*

Die Füllung
mit Fleisch, Fisch oder vegetarisch

Kohlrouladen können mit ganz unterschiedlichen Zutaten gefüllt werden: Neben Hackfleisch und Fisch eignen sich auch Reis, andere Getreide oder Couscous, die mit Gemüse, Schafskäse, Nüssen oder Rosinen veredelt werden. Mit unterschiedlichen Gewürzen entstehen vielfältige Variationen – die Beispiele im Rezeptteil mögen zu Küchenexperimenten anregen.

Für vier Portionen werden etwa 250 g Hackfleisch oder Reis/Getreide als Basis benötigt; hinzukommen weitere Ergänzungen. Mit dieser Menge können vier große oder acht kleine Rouladen hergestellt werden. Ein altbackenes Brötchen oder ein Stück Baguette, das in etwas Milch oder Brühe eingeweicht und ausgedrückt wurde, lockert die Füllung etwas auf. Auch ein oder zwei Scheiben Toastbrot können zunächst geröstet und dann eingeweicht werden.

Um die Füllung etwas zu binden, wird in der Regel ein Ei oder etwas Käse dazugegeben und mit der restlichen Füllung gut verknetet. Um die Füllung veganer Rouladen zu binden, reicht es manchmal bereits, einen Teil der Füllung zu pürieren. Neben der klassischen Speisestärke können aber auch etwas Kichererbsen- oder Reismehl als Bindemittel eingesetzt werden. Ist die Füllung zu weich, können Semmelbrösel oder etwas Paniermehl eingearbeitet werden.

Rouladen rollen und verschließen

Wenn man sich ein Kohlblatt wie eine Hand vorstellt, dann wird die Füllung – ein Esslöffel für eine kleine, zwei Esslöffel für eine große Roulade – in die Mitte der Handinnenfläche gelegt, dahin, wo eine Kuhle entsteht, wenn die Hand etwas gewölbt wird (1). Es wird zunächst der untere Rand, dann werden die beiden Seitenränder über die Füllung geklappt und das Päckchen wird stramm aufgerollt (2). In der Regel werden die Kohlrouladen dann verschlossen. Dies gilt insbesondere dann, wenn die Kohlrouladen angebraten werden. Werden sie ohne einen solchen Arbeitsgang zubereitet, kommen die Röllchen mit der offenen Seite nach unten direkt in den Topf oder die Auflaufform. Die Krautwickel werden mit Zwirn oder Küchengarn (3) verschlossen (letzteres gibt es auch in bunt, was einen hübschen Akzent setzt) oder mit Zahnstochern oder Rouladennadeln zugesteckt (4). Wenn große Kohlrouladen zubereitet werden, können sie auch mit Silikonbändern oder Rouladenklammern verschlossen werden.

Anbraten und schmoren

In vielen Gerichten werden die Rouladen zunächst in Fett angebraten. Je nach Geschmack werden hierfür Butterschmalz, Butter, Margarine oder auch Öl, das zum Braten geeignet ist, verwendet. Die Herdplatte darf nicht zu heiß sein, sonst verbrennt der Kohl und schmeckt bitter. Nach dem Anbraten (1) wird Flüssigkeit angegossen (2), in der Regel Brühe, aber auch Wein oder Tomatensauce. Falls die Brühe selber hergestellt wird, kann dazu das Blanchierwasser verwendet werden. In einigen Rezepten werden die Kohlrouladen ohne Anbraten direkt in eine Auflaufform oder einen Bräter gegeben, mit Flüssigkeit übergossen und im Backofen gegart. Die Krautwickel werden mit der Flüssigkeit im Backofen oder auf dem Herd geschmort. Kleine Rouladen brauchen etwa 30 Minuten, größere zwischen 40–60 Minuten, abhängig von der Kohlsorte. Rouladen mit Wirsing- oder Rotkohlmantel benötigen meist etwas länger als Rouladen mit Weiß- oder Spitzkohl.

Um zu vermeiden, dass die Rouladen beim Schmoren auf dem Herd möglicherweise am Topfboden anhaften, einfach nach dem Anbraten eine Schicht der äußeren, geputzten Hüllblätter des Kohls mit der Außenseite nach unten unter die Rouladen legen. Das empfiehlt sich vor allem bei Rezepten, bei denen Rouladen oder Wickel dicht an dicht im Topf gegart werden.

Keine Kohlroulade ohne Sauce

Die Schmorflüssigkeit wird zur Zubereitung der Sauce verwendet. Falls die Krautwickel nicht in Tomaten geschmort wurden, ist sie meist etwas zu flüssig. Aus diesem Grund wird sie am Ende der Garzeit etwas angedickt, nachdem die fertigen Kohlrouladen aus der Flüssigkeit gehoben und im Backofen abgedeckt bei 100 °C warm gestellt wurden. Je nach Geschmack wird entweder eine Mehlschwitze zubereitet (siehe folgender Abschnitt) oder die Schmorflüssigkeit wird mit Saucenbinder oder Mehlbutter angedickt.

Zum Andicken eignet sich aber auch püriertes Suppengemüse, das z. B. von einer selbst gemachten Brühe übrig ist, was einen guten Geschmack gibt. So werden auch diese Reste noch sinnvoll verwertet.

MEHLSCHWITZE (EINBRENNE) ZUM BINDEN DER SAUCE

Für eine Mehlschwitze 2 EL Butterschmalz, Butter, Margarine oder Öl zerlassen.

3 EL Mehl hineingeben und kräftig rühren, bis ein hellbrauner Mehlbrei entstanden ist.

Die abgekühlte Schmorflüssigkeit oder Brühe (etwa ½ l) unter kräftigem Rühren mit einem Schneebesen in einem Strahl dazugeben, bis die gewünschte Konsistenz erreicht ist.

Es dürfen sich keine Klumpen bilden.

Die Sauce etwa fünf Minuten köcheln lassen. Mit Salz, Pfeffer und je nach Rezept auch anderen Gewürzen abschmecken.

Die passende Begleitung zu Kohlrouladen

Da Kohlrouladen meist mit viel Sauce zubereitet werden, passen Beilagen, die diese Flüssigkeit gut aufnehmen können, am besten dazu. Perfekt sind mehlige Kartoffeln oder Kartoffelstampf. Aber auch Weiß- oder Fladenbrot, Reis oder Hirse sowie Polenta sind je nach Rezept gute Begleiter.

Wohin mit den Resten?

In der Regel wird nicht der ganze Kohl verbraucht – die inneren Blätter sind meist zu klein, um die Füllung darin einzuwickeln. Was also tun mit den Resten? Wenn es nur ein kleiner Rest ist, können die Blätter kleingeschnitten in die Füllung eingearbeitet oder vor dem Garen auf die Mantelblätter gestreut werden. Weitere kreative Ideen zur Resteverwertung finden sich im Rezeptteil ab Seite 144. Und wenn von der Füllung ein Rest übrig bleibt? Dieser kann zu kleinen Frikadellen geformt und in etwas heißem Fett ausgebraten werden.

TECHNIK: ORANGEN FILETIEREN UND ZESTEN SCHNEIDEN

Die Orange oben und unten kappen, damit sie einen festen Stand hat. Auf ein Schneidebrett stellen und mit einem scharfen Messer (evtl. mit Wellenschliff) die Schale so gründlich abschneiden, dass auch die weiße Haut dabei entfernt wird (1). Bei sehr saftigen Orangen, die Frucht nun in die Hand nehmen und über einer Schale zum Auffangen des Safts mit einem scharfen Messer jeweils rechts und links der Trennhäute entlang schneiden und die Filets auslösen (2). Eventuelle Kerne dabei entfernen. Dünne Streifen der Orangenschale entweder mit einem Zestenreißer abziehen (3) oder mit einem scharfen Messer eine breite Orangenzeste (ohne weiße Haut) von der Schale schneiden und diese dann in hauchfeine Streifen (Julienne) schneiden.

Rezepte

Kohlrouladen mit Fleisch — Seite 28

Kohlrouladen mit Fisch und Meeresfrüchten — Seite 76

Kohlrouladen mit vegetarischer Füllung — Seite 94

Rouladen mit Mangold, Salat und Weinblättern — Seite 128

Beste Reste aus Kohl: Beilagen, Salate, Eintöpfe, pikante Kuchen, Smoothies, Pesto und Chips — Seite 144

Kohlrouladen mit Fleisch

*Eine gute Küche
ist das Fundament
allen Glücks.*

Auguste Escoffier

Traditionelle Weißkohlrouladen

Mit dieser Kohlroulade fing alles an und daher steht sie hier auch an erster Stelle. Sie gehörte zum Kochrepertoire meiner Mutter und ich habe sie als Kind geliebt: Ein geheimnisvolles Päckchen, zugeschnürt mit Zwirn, kam gemeinsam mit Kartoffelpüree und ganz viel Sauce auf den Tisch. Das „Auspacken" erforderte etwas Geschick, andernfalls war die Kleidung mit Sauce bespritzt, aber dann wartete eine köstliche Hackfleischfüllung, die von etwas süßlich schmeckendem Schmorkohl umhüllt war.

ZUBEREITUNG ca. 25 Min.
GARZEIT ca. 50 Min.

12 Weißkohlblätter
Salz
weißer Pfeffer, frisch gemahlen
1 Brötchen
3 EL Milch, lauwarm
1 Zwiebel
250 g gemischtes Hackfleisch (halb Rinder-, halb Schweinehackfleisch)
1 Ei
2 EL Butterschmalz oder Bratöl
Saucenbinder nach Bedarf

1. Weißkohlblätter in Salzwasser blanchieren und trocknen, wie auf S. 19 f. beschrieben. Blanchierwasser auffangen, Blattrippen flach schneiden und Blätter auf einer Arbeitsplatte auslegen. Salzen und pfeffern.
2. Brötchen in Stücke zupfen, mit Milch übergießen und beiseite stellen.
3. Zwiebel schälen und in kleine Würfel schneiden.
4. Hackfleisch, Ei, Zwiebel und Brötchen gründlich vermengen, mit Salz und Pfeffer würzen.
5. Je ein Viertel der Füllung auf ein Weißkohlblatt geben, die Seiten einschlagen und aufrollen. Das Päckchen in zwei weitere Blätter einrollen. Die Kohlroulade mit Garn umwickeln, die Enden verknoten.
6. Butterschmalz in einem großen Topf zerlassen. Die Kohlrouladen darin von allen Seiten bei mittlerer Hitze anbraten, mit Blanchierwasser ablöschen, Deckel aufsetzen und ca. 50 Minuten bei sanfter Hitze schmoren. Die Kohlrouladen aus der Flüssigkeit heben und im Backofen bei 100 °C warmstellen.
7. Die Flüssigkeit mit Saucenbinder andicken, mit Salz und Pfeffer abschmecken.

Variation: Traditionelle Kohlroulade mit Wacholder und Weißwein

Alternativ können die vorbereiteten Wirsingrouladen auch wie folgt zubereitet werden: 1 EL Butter in einem Topf erhitzen, die Rouladen darin anbraten. Eine gehackte Zwiebel dazugeben, eine Minuten mitbraten. 1 EL Wacholderbeeren zerdrücken und zu den Zwiebeln geben. Mit 100 ml trockenem Weißwein ablöschen und etwas einkochen lassen. ⅛ l Fleischbrühe dazugeben und bei mittlerer Hitze mindestens 40 Minuten schmoren. Rouladen aus der Flüssigkeit nehmen und im Backofen bei 100 °C warmstellen. 100 g Crème fraîche in die Sauce einrühren, mit Salz und Pfeffer abschmecken. Falls gewünscht, mit etwas Saucenbinder andicken.

Wirsingrouladen
mit Rinderhackfleisch und getrockneten Tomaten

ZUBEREITUNG ca. 25 Min.
GARZEIT ca. 50 Min.

8 Wirsingblätter
Salz
schwarzer Pfeffer, frisch gemahlen
3 Zwiebeln
50 g getrocknete, in Öl eingelegte Tomaten
50 g geräucherter Bauchspeck in 1 mm dicken Scheiben
3 Knoblauchzehen
250 g Rinderhackfleisch
5 EL Olivenöl
2 EL Tomatenmark
200 g Tomaten in Stücken
100 ml trockener Weißwein
½ Bund glattblättrige Petersilie
dunkler Saucenbinder nach Bedarf

1. Wirsingblätter in Salzwasser blanchieren und trocknen, wie auf S. 19 f. beschrieben. Blattrippen flach schneiden und jeweils zwei Blätter übereinander auf einer Arbeitsplatte auslegen. Salzen und pfeffern.
2. Für die Füllung zwei Zwiebeln schälen und fein würfeln. Getrocknete Tomaten etwas abtropfen lassen und in schmale Streifen oder Würfel schneiden. Speck in kleine Würfel schneiden und in einem großen Topf, in dem später die Kohlrouladen zubereitet werden sollen, bei mittlerer Hitze etwas auslassen (die Würfel dürfen dabei nicht zu kross werden). Speckwürfel aus dem Topf nehmen. Knoblauchzehen schälen und durch eine Presse geben oder mit einer Gabel und etwas Salz zerdrücken. Zwiebel, Speckwürfel und zwei Drittel des Knoblauchs mit dem Hackfleisch vermengen, mit Salz und Pfeffer würzen. Die Füllung in vier Portionen teilen, auf die Wirsingblätter geben und stramm aufrollen. Mit Küchengarn zusammenbinden oder mit je einem Holzspieß verschließen.
3. Restliche Zwiebel schälen und in Streifen schneiden.
4. Olivenöl und das Öl der getrockneten Tomaten in den Topf zum ausgelassenen Speckfett geben und erhitzen. Die Kohlrouladen von allen Seiten bei mittlerer Hitze anbraten, bis sie schön braun sind, und aus dem Topf nehmen. Dann Zwiebelstreifen goldgelb anbraten, das Tomatenmark kurz mitrösten. Pizza-Tomaten in den Topf geben und den restlichen Knoblauch hinzufügen. Wein zugießen, aufkochen lassen und die Kohlrouladen hineingeben. Abgedeckt 50–60 Minuten bei sanfter Hitze dünsten (dunkelgrüne Blätter brauchen noch etwas länger). Rouladen aus dem Topf nehmen und im Backofen bei 100 °C warmstellen.
5. Sauce mit Salz und Pfeffer abschmecken, nach Bedarf mit Saucenbinder andicken.
6. Kohlrouladen mit der Sauce servieren. Dazu passt Kartoffelpüree.

Norddeutsche Wirsingrouladen mit Apfel und Sellerie

ZUBEREITUNG ca. 35 Min.
GARZEIT ca. 40 Min.

8 Wirsingblätter
Salz
weißer Pfeffer, frisch gemahlen
3 Zwiebeln, geschält
1 Knoblauchzehe, geschält
100 g Knollensellerie
3 EL Butter
1 säuerlicher Apfel (z. B. Boskoop)
250 g gemischtes Hackfleisch (halb Rinder-, halb Schweinehackfleisch)
2 TL mittelscharfer Senf
1 Ei
200 ml Sahne/Rahm
1 EL Apfelbrand oder Calvados, nach Geschmack
dunkler Saucenbinder nach Bedarf

1. Wirsingblätter in Salzwasser blanchieren und trocknen, wie auf S. 19 f. beschrieben. Blanchierwasser auffangen. Blattrippen flach schneiden und auf einer Arbeitsplatte jeweils zwei Blätter übereinander auslegen. Salzen und pfeffern.
2. Eine Zwiebel in feine, die beiden weiteren Zwiebeln in grobe Würfel schneiden. Grobe Zwiebelwürfel beiseite legen. Knoblauchzehe sehr fein würfeln. Sellerie putzen und in ca. 1 cm große Würfel schneiden.
3. 1 EL Butter in einer Pfanne zerlassen. Sellerie und feine Zwiebelwürfel darin bei mittlerer Hitze anbraten, bis beide Farbe angenommen haben. Mit Knoblauch zwei Minuten weiter braten, dann abkühlen lassen.
4. Apfel schälen, das Kerngehäuse entfernen und den Apfel fein würfeln.
5. Hackfleisch mit Zwiebel- und Selleriewürfeln aus der Pfanne, Apfelwürfeln, Senf und Ei verkneten. Mit Salz und Pfeffer würzen. Je ein Viertel der Füllung auf die doppelten Wirsingblätter geben, die Seiten einschlagen und die Blätter aufrollen. Wirsingrouladen jeweils mit Garn umwickeln, die Enden verknoten.
6. Die restliche Butter in einen Topf geben, Rouladen darin leicht bräunen, dann die groben Zwiebelwürfel dazugeben. Mit 200 ml Blanchierwasser ablöschen, Deckel auflegen und ca. 40 Minuten bei sanfter Hitze schmoren. Rouladen zwischendurch umdrehen.
7. Rouladen aus dem Topf nehmen und im Backofen bei 100 °C warmstellen.
8. Sahne zur Kochflüssigkeit geben und ohne Deckel einkochen, bis eine cremige Sauce entstanden ist. Mit Salz, Pfeffer und nach Wunsch mit Apfelbrand abschmecken. Nach Bedarf mit Saucenbinder andicken.
9. Rouladen mit der Sauce servieren. Dazu passt Kartoffelstampf.

Wirsingrouladen
mit Lamm in Steinpilzsahne

ZUBEREITUNG ca. 30 Min.
GARZEIT ca. 50 Min.

8–12 Wirsingblätter
Salz
schwarzer Pfeffer, frisch gemahlen
2 Zwiebeln
2 Äpfel
70 g Walnusskerne
250 g Lammhackfleisch
1 Ei
1 TL gekörnte Brühe
½ TL Zimtpulver
10 g getrocknete Steinpilze
200 g braune Champignons
1 EL Butter
200 ml Sahne/Rahm
100 ml Lammfond
3 EL Ricotta
2 EL Preiselbeeren aus dem Glas

1. Wirsingblätter in Salzwasser blanchieren und trocknen, wie auf S. 19 f. beschrieben. Blattrippen flach schneiden und die Blätter auf einer Arbeitsplatte auslegen. Salzen und pfeffern.
2. Zwiebeln schälen und würfeln. Die Hälfte beiseite stellen. Äpfel vierteln, Kerngehäuse herausschneiden, schälen und würfeln. Walnüsse in einer Pfanne ohne Fett hellbraun anrösten und grob hacken. Zwiebel, Äpfel und Nüsse mit Lammhackfleisch, Ei, gekörnter Brühe und Zimt vermischen, kräftig pfeffern.
3. Jeweils einen Esslöffel Füllung auf ein Kohlblatt geben, zu einem Päckchen falten und mit der offenen Seite nach unten in eine Auflaufform mit Deckel legen.
4. Die getrockneten Steinpilze in lauwarmem Wasser zehn Minuten einweichen. Abgießen und bei Bedarf klein schneiden.
5. Champignons putzen und fein würfeln.
6. Backofen auf 175 °C vorheizen.
7. Butter zerlassen, die beiseite gestellten Zwiebelwürfel anbraten, dann die Champignonwürfel dazugeben, salzen und kräftig anbraten, bis deren Flüssigkeit ausgetreten und verdunstet ist. Zuletzt die Steinpilze dazugeben und ebenfalls kurz anschwitzen.
8. Sahne und Lammfond zugießen und aufkochen, dann die Hitze reduzieren. Ricotta in der Sauce schmelzen lassen. Über die Rouladen geben und 40–50 Minuten im vorgeheizten Backofen auf der unteren Schiene mit Deckel garen. Die letzten 15 Minuten ohne Deckel fertiggaren.
9. Mit Preiselbeeren servieren. Dazu passen Salzkartoffeln.

Mit Sauerkraut gefüllte Kohlrouladen

ZUBEREITUNG ca. 30 Min.
GARZEIT 40–50 Min.

16 Weißkohlblätter
Salz
schwarzer Pfeffer, frisch gemahlen
500 g Sauerkraut
2 Schalotten
1 große Kartoffel
1 Apfel
ca. 250 g grobe Mettwurst oder 2 angeräucherte grobe Bratwürste à 125 g
2 TL mittelscharfer Senf
1 TL Honig
2 EL Butterschmalz
½ l Rinderbrühe
3 EL Crème fraîche
dunkler Saucenbinder nach Bedarf
1 Prise Zucker

1. Weißkohlblätter in Salzwasser blanchieren und trocknen, wie auf S. 19 f. beschrieben. Blattrippen flach schneiden und die Blätter auf einer Arbeitsplatte auslegen. Salzen und pfeffern.
2. Sauerkraut in ein Sieb geben, mit kaltem Wasser abspülen und ausdrücken. Schalotten schälen und in feine Würfel schneiden. Kartoffel schälen, reiben und ebenfalls ausdrücken. Apfel schälen, vierteln, das Kerngehäuse entfernen und Apfel in Würfel schneiden. Die Pelle der Mettwurst abziehen, das Brät in Würfel schneiden. Die Zutaten mit Senf und Honig vermischen, mit Salz und Pfeffer würzen. Je ein Achtel auf ein Weißkohlblatt geben, zu einem Päckchen falten und in ein zweites Blatt hüllen. Mit Küchengarn verschnüren.
3. Butterschmalz erhitzen, die Kohlrouladen bei mittlerer Hitze hellbraun darin anbraten. Rinderbrühe angießen, Deckel aufsetzen und 40–50 Minuten schmoren.
4. Die Rouladen aus der Brühe heben und im Backofen bei 100 °C warmstellen.
5. Crème fraîche in die Garflüssigkeit einrühren, erhitzen und nach Bedarf mit etwas Saucenbinder andicken. Mit Salz, Pfeffer und etwas Zucker abschmecken.
6. Die Rouladen mit der Sauce servieren. Kartoffelpüree passt gut dazu.

Variationen für die Hülle
In einigen Teilen Frankens, in denen aufgrund der Bodenbeschaffenheit kein Kraut wuchs, lieferte früher der Zuckerhut die typische Hülle für Rouladen. Die Blätter des Zichoriengewächses, das auch unter dem Namen Fleischkraut oder Herbstchicorée bekannt ist, eignen sich ebenfalls gut für Rouladen aller Art. Wer den leicht bitteren Geschmack nicht mag, der blanchiert die Blätter einfach vor der weiteren Verarbeitung.

Griechische Wirsingröllchen
mit Dill, Minze und Kreuzkümmel

ZUBEREITUNG ca. 35 Min.
GARZEIT ca. 90 Min.

16 Wirsingblätter
Salz
schwarzer Pfeffer, frisch gemahlen
1 große Zwiebel
2 Knoblauchzehen
½ Bund Dill
½ Bund glattblättrige Petersilie
½ Bund Minze
6 EL Olivenöl
100 g Rinderhackfleisch
100 g Langkornreis
1 TL Kreuzkümmelpulver (Cumin)
500 ml Fleischbrühe
1 Zitrone, frisch gepresster Saft
250 g Joghurt (10 % Fett)

1. Wirsingblätter in Salzwasser blanchieren und trocknen, wie auf S. 19 f. beschrieben. Die Blattrippen flach schneiden. Vier Blätter beiseite legen. Restliche Blätter auf einer Arbeitsplatte auslegen und halbieren. Salzen und pfeffern.
2. Zwiebel schälen und fein würfeln. Knoblauchzehen schälen und mit etwas Salz auf einem Brett mit einer Gabel zerdrücken oder durch eine Knoblauchpresse geben.
3. Kräuter abbrausen und trocken schütteln. Jeweils die Blätter abzupfen und fein hacken.
4. 2 EL Olivenöl erhitzen. Zwiebelwürfel darin bei mittlerer Hitze goldgelb anbraten. Hitze erhöhen, Hackfleisch dazugeben und anbraten, bis es krümelig ist. Reis in einem Sieb mit klarem Wasser abspülen und abtropfen lassen. Mit Knoblauch, Kräutern und Kreuzkümmel zum Hackfleisch geben, mit Salz und Pfeffer würzen.
5. 250 ml Brühe angießen, Deckel auflegen und etwa 18 Min. bei sanfter Hitze schmoren, bis der Reis fast gar und die Flüssigkeit aufgesogen ist.
6. 2 EL Olivenöl in einen Kochtopf geben. Den Boden mit vier Wirsingblättern bedecken. Füllung in zwölf Portionen teilen und auf die restlichen Blätter geben. Einrollen und eng nebeneinander mit der Nahtstelle nach unten in den Topf setzen. 250 ml Brühe, Zitronensaft und restliches Olivenöl angießen. Aufkochen und einen umgedrehten Teller auf die Röllchen legen. 90 Minuten bei sanfter Hitze schmoren, bis der Wirsing fast durchsichtig ist.
7. Joghurt mit etwas Salz glattrühren und zu den heißen Wirsingröllchen servieren.
8. Dazu passt Pita, das griechische Fladenbrot.

Zuger Chabisbünteli
Zuger Kohlwickel

Diese Kohlrouladen aus dem Schweizer Kanton Zug werden ohne Ei zubereitet und in einer einfachen Tomatensauce gegart. In der Schweiz heißt Weißkohl Kabis bzw. Chabis und der Wirsing wird Wirz genannt.

ZUBEREITUNG ca. 30 Min.
GARZEIT ca. 40 Min.

8 Weißkohl- oder Wirsingblätter (Kabis- oder Wirzblätter)
Salz
weißer Pfeffer, frisch gemahlen
2 Brötchen vom Vortag
½ l Fleischbrühe, erhitzt
½ Bund glattblättrige Petersilie
1 Zwiebel
1 EL Butter
250 g gemischtes Hackfleisch (halb Rinder-, halb Schweinehackfleisch)
¼ TL getrockneter Majoran
1 EL Öl
2 EL Tomatenmark

1. Kohlblätter in Salzwasser blanchieren und trocknen, wie auf S. 19 f. beschrieben. Die Blattrippen flach schneiden, Kohlblätter auf einer Arbeitsplatte auslegen. Salzen und pfeffern.
2. Brötchen mit ¼ l Brühe übergießen und einweichen. Ausdrücken und in Stücke zupfen.
3. Petersilie abbrausen, trocken schütteln und mitsamt Stängeln feinhacken.
4. Zwiebel schälen und in kleine Würfel schneiden. Butter zerlassen, Zwiebelwürfel darin bei mittlerer Hitze goldgelb anbraten. Abkühlen lassen. Zwiebelwürfel mit Brötchen, Hackfleisch und Petersilie vermischen, mit Majoran, Salz und Pfeffer würzen und zu einer homogenen Masse verkneten.
5. Vier Kohlblätter einzeln ausbreiten, je ein Viertel der Füllung darauf geben, die Seiten einschlagen und die Blätter aufrollen. Das Päckchen in ein weiteres Blatt einrollen. Kohlrouladen jeweils mit Garn umwickeln, die Enden verknoten.
6. Öl in einen Topf geben, die Rouladen darin bei mittlerer Hitze rundum anbraten und leicht bräunen. Tomatenmark dazugeben und anrösten. Mit der restlichen Fleischbrühe aufgießen, Deckel auflegen und ca. 40 Minuten zugedeckt bei sanfter Hitze schmoren.
7. Klassisch passt dazu Kartoffelpüree, aber auch rohe Kartoffelklöße schmecken gut.

Variation: Vegetarische Zuger Chabisbünteli
Dazu den restlichen Kohl fein hacken und mit Zwiebeln anbraten. Ein Brötchen mehr in Gemüsebrühe oder Milch einweichen. In ¼ l Gemüsebrühe und ¼ l Tomatenpassata garen.

Bayerische Krautwickel mit Kümmel

ZUBEREITUNG ca. 40 Min.
GARZEIT ca. 50 Min.

16 Weißkohlblätter
Salz
weißer Pfeffer, frisch gemahlen
50 g durchwachsener Speck (Bauchspeck)
1 Brötchen vom Vortag
1 Zwiebel
250 g Schweinehackfleisch
1 Ei
1 TL Kümmelpulver
½ TL Kümmelsaat
½ TL scharfes Paprikapulver
2 EL Butter
1 EL Tomatenmark
½ l Fleischbrühe
100 ml Weißwein
1 EL süßer Senf
50 g saure Sahne
dunkler Saucenbinder nach Bedarf

1. Weißkohlblätter in Salzwasser blanchieren und trocknen, wie auf S. 19 f. beschrieben. Die Blattrippen flach schneiden und jeweils zwei Blätter übereinander auf einer Arbeitsplatte auslegen. Salzen und pfeffern.
2. Speck in kleine Würfel schneiden und in einer Pfanne ohne Fett bei mittlerer Hitze auslassen, bis die Speckwürfel hellbraun, aber nicht zu kross sind. Abkühlen lassen.
3. Brötchen in lauwarmem Wasser einweichen, ausdrücken und in kleine Stücke reißen. Zwiebel schälen und in kleine Würfel schneiden. Hackfleisch, Zwiebel, Brötchen, Ei und Speckwürfel mischen. Mit Salz, Paprika, Kümmel und Pfeffer kräftig würzen und nochmals durchkneten.
4. Je ein Achtel der Füllung auf die Blätter geben, die Seiten einschlagen und aufrollen. Die Krautwickel mit Garn umwickeln, die Enden verknoten.
5. Butter in einen Bräter geben und erhitzen, die Krautwickel darin bei mittlerer Hitze anbraten, bis sie leicht gebräunt sind. Tomatenmark hinzufügen und kurz anbraten. Mit Brühe und Weißwein ablöschen, Senf einrühren und mit geschlossenem Deckel 40–50 Minuten bei sanfter Hitze schmoren.
6. Die Krautwickel aus der Brühe heben und im Backofen bei 100 °C warmstellen. Saure Sahne in die Garflüssigkeit einrühren und mit Saucenbinder bis zur gewünschten Konsistenz andicken. Mit Salz und Pfeffer abschmecken.
7. Dazu passen Kümmelkartoffeln, die während der Schmorzeit der Krautwickel parallel zubereitet werden können: Ca. 800 g kleine Kartoffeln in Salzwasser garen, danach ausdampfen lassen und pellen. Kartoffeln längs halbieren und portionsweise in Butterschmalz mit etwas Kümmelsaat anbraten oder im Backofen auf einem Blech zubereiten.

Skandinavische Krautwickel mit Rübensirup

Auch in skandinavischen Ländern werden Kohlrouladen zubereitet. Das Besondere ist, dass die Füllung in Milch gekochten Langkornreis enthält und die Rouladen mit Rübensirup gegart werden.

ZUBEREITUNG ca. 40 Min.
GARZEIT ca. 50 Min.

16 Weißkohlblätter
Salz
weißer Pfeffer, frisch gemahlen
½ Bund glattblättrige Petersilie
50 g Perlgraupen oder Langkornreis
100 ml Milch
250 g gemischtes Hackfleisch (halb Rinder-, halb Schweinehackfleisch)
1 Ei
2 EL Butterschmalz
¼ l Gemüsebrühe
2 EL Rübensirup
1 EL Mehl
8 EL Sahne/Rahm
dunkler Saucenbinder nach Bedarf
1 EL Sojasauce

1. Weißkohlblätter in Salzwasser blanchieren und trocknen, wie auf S. 19 f. beschrieben. Die Blattrippen flach schneiden und Kohlblätter auf einer Arbeitsplatte auslegen. Dabei zwei Blätter versetzt übereinander legen. Salzen und pfeffern.
2. Petersilie abbrausen, trocken schütteln und mitsamt Stängeln fein hacken.
3. Graupen oder Reis in 100 ml Milch und ¼ l Wasser ca. 18 Minuten kochen, dann abseihen. Hackfleisch und etwas abgekühlte Graupen oder Reis mit Salz, Pfeffer, Petersilie und Ei zu einem homogenen Teig verarbeiten. Den Teig in acht Portionen teilen und auf den Kohlblättern verteilen, diese einwickeln und mit Küchengarn verschnüren.
4. Backofen auf 200 °C vorheizen.
5. Butterschmalz in einem Bräter mit Deckel erhitzen, die Krautwickel darin von allen Seiten bei mittlerer Hitze hellbraun anbraten. Gemüsebrühe angießen und den Rübensirup darüber geben. Im vorgeheizten Backofen bei aufgelegtem Deckel auf der unteren Schiene ca. 50 Minuten garen.
6. Die Schmorflüssigkeit in einen Topf gießen und etwas einkochen. Mehl mit Sahne anrühren und in die Flüssigkeit geben, aufkochen und bei Bedarf mit etwas Saucenbinder andicken. Mit Sojasauce und Rübensirup abschmecken.
7. Dazu passen Salzkartoffeln.

Kleine Morgenland-Kohlrouladen
mit Rinderhackfleisch und Datteln

ZUBEREITUNG ca. 35 Min.
GARZEIT ca. 40 Min.

16–20 Weißkohlblätter
Salz
schwarzer Pfeffer, frisch gemahlen
100 g Risottoreis (alternativ: Rundkornreis)
½–¾ l Gemüsebrühe, kräftig abgeschmeckt
2 Zwiebeln
1 EL Butter
50 g Mandeln
50 g Pistazien
50 g getrocknete, feste Datteln ohne Kerne
150 g Rinderhackfleisch
½ Bio-Orange, Schalenabrieb
2 Msp Zimtpulver
1 Msp Pimentpulver
2 Msp Sumach

1. Weißkohlblätter in Salzwasser blanchieren und trocknen, wie auf S. 19 f. beschrieben. Die Blattrippen flach schneiden, Kohlblätter auf einer Arbeitsplatte auslegen. Salzen und pfeffern.
2. Gemüsebrühe erhitzen und warm stellen. 150 ml abmessen und den Reis darin bei sanfter Hitze aufkochen. Sobald die Flüssigkeit verkocht ist, weitere Brühe schöpflöffelweise einrühren, bis der Reis fast gar ist (ca. 18 Minuten). Abkühlen lassen.
3. Zwiebeln schälen und fein würfeln. Butter zerlassen und Zwiebelwürfel darin bei mittlerer Hitze goldgelb anbraten. In der Zwischenzeit Mandeln und Pistazien ohne Fett in einer Pfanne anrösten, dann grob hacken. Datteln in feine Würfel schneiden.
4. Reis, Hackfleisch, Mandeln, Pistazien, Datteln und abgeriebene Orangenschale mit den Gewürzen zu einer homogenen Masse vermengen.
5. Je 1–2 TL der Füllung auf ein Weißkohlblatt geben und kleine Kohlrouladen daraus rollen.
6. Eng gepackt in einen breiten, flachen Topf setzen. Mit ½ l heißer Brühe übergießen, Deckel auflegen und etwa 40 Minuten bei geringer Hitze schmoren.
7. Dazu passt Fladenbrot oder gebutterter Couscous.

Variation: Orientalische vegetarische Rouladen
Für die vegetarische Variante das Hackfleisch durch feingehackten Weißkohl (etwa 250 g) ersetzen. Satt der oben genannten Gewürze ca. 1–2 TL Ras el Hanout, die marokkanische Gewürzmischung (siehe Seite 112), verwenden und die Rouladen mit Zitronenachteln servieren.

SUMACH ist die gemahlene Frucht des Gewürz-Essigbaums. Die in der arabischen Küche häufig verwendete Zutat ist in gut sortierten Gewürzregalen und im türkischen/arabischen Lebensmittelladen erhältlich. Alternativ können auch einige Spritzer Essig oder Zitronensaft verwendet werden.

Golubtsi
Russische Kohlrouladen

6 PORTIONEN

ZUBEREITUNG ca. 30 Min.
GARZEIT 30–40 Min.

12 Weißkohlblätter
Salz
schwarzer Pfeffer, frisch gemahlen
125 g Langkornreis
2 Tomaten
2 Zwiebeln
2 Möhren
2 EL Butter
400 g Rinderhackfleisch
1 EL Sonnenblumenöl
2 EL Tomatenmark
½ l Gemüsebrühe
2 Lorbeerblätter
150 g saure Sahne

1. Weißkohlblätter in Salzwasser blanchieren und trocknen, wie auf S. 19 f. beschrieben. Die Blattrippen flach schneiden oder mit einem Fleischklopfer flach klopfen. Blätter auf einer Arbeitsplatte auslegen, salzen und pfeffern.
2. Reis in Salzwasser ca. 18 Minuten fast gar kochen und abgießen. Er sollte noch etwas Biss haben. Tomaten vierteln, den Stielansatz entfernen und Tomatenviertel in kleine Würfel schneiden. Zwiebeln schälen und würfeln. Möhren schälen oder mit einer Gemüsebürste abbürsten, auf einer groben Reibe raffeln.
3. 1 EL Butter zerlassen und die Zwiebelwürfel darin drei Minuten bei mittlerer Hitze anschwitzen. Möhren dazugeben und drei Minuten weiterbraten.
4. Hackfleisch, Reis, Zwiebeln, Tomaten und Möhren mischen, mit Salz und Pfeffer würzen. Die Füllung in zwölf Portionen teilen und auf jeweils ein Blatt geben. Entweder zu Päckchen falten und verschnüren (original) oder eine klassische Roulade daraus formen und mit Garn oder Holzspießen fixieren.
5. Restliche Butter in einem Bräter erhitzen. Kohlpäckchen darin von allen Seiten bei mittlerer Hitze hellbraun anbraten, wieder aus dem Bräter heben. Sonnenblumenöl zur Bratbutter geben und erhitzen. Tomatenmark darin bei mittlerer Hitze anrösten, mit der Brühe ablöschen und aufkochen. Lorbeerblätter dazugeben und die Kohlrouladen wieder in den Bräter geben. Den Deckel auflegen und 30–40 Minuten bei sanfter Hitze schmoren.
6. Saure Sahne mit einem Schneebesen glattrühren.
7. Vor dem Servieren die Lorbeerblätter entfernen. Jeweils zwei Kohlrouladen mit etwas Sauce in einen tiefen Teller geben, einen Klecks saure Sahne darauf setzen und mit Salzkartoffeln servieren.

Variationen siehe folgende Seite

Golubtsi
Variationen

Variation: überbackene polnische Golabki
Die Rouladen mit Schweinehackfleisch zubereiten und die Füllung zusätzlich noch mit gemahlenem Piment abschmecken. Tomatenmark, Brühe und saure Sahne verrühren. Kohlrouladen in einen Bräter geben und mit der Flüssigkeit übergießen. Deckel auflegen und bei 200 °C 40 Minuten im Backofen schmoren lassen. Zehn Minuten vor Ende der Garzeit den Deckel abnehmen, 50 g geriebenen Käse (z. B. Emmentaler) auf die Rouladen geben und ohne Deckel fertig garen. Fünf dünne Speckscheiben in Würfel schneiden, in einer Pfanne auslassen und vor dem Servieren über die Kohlrouladen streuen.

Variation: vegetarische Golubtsi
Golubtsi lassen sich auch vegetarisch zubereiten: Hackfleisch durch 750 g Champignons ersetzen. Champignons mit einer Pilzbürste putzen (alternativ mit Küchenpapier abreiben), den Stielansatz entfernen und die Pilze in kleine Würfel schneiden. In zerlassener Butter anbraten und bei kleiner Hitze solange braten, bis die Pilzflüssigkeit verdampft ist. Dann im Rezept anstelle des Hackfleischs weiterverarbeiten. Oder die Pilzmenge etwas reduzieren und mit Kascha, der in Osteuropa üblichen angerösteten Buchweizengrütze, ergänzen (wird ähnlich wie Porridge zubereitet).

Weißkohlrouladen
mit Kalb und Senfsauce

ZUBEREITUNG ca. 35 Min.
GARZEIT ca. 40 Min.

12 Weißkohlblätter
Salz
weißer Pfeffer, frisch gemahlen
1 Zwiebel
½ Bund glattblättrige Petersilie
½ Bund Dill
2 Eier
250 g Kalbshackfleisch
3 EL Paniermehl (Semmelbrösel)
2 TL Dijonsenf
2 EL Butter
2 TL mittelscharfer Senf
200 g Schmand

1. Weißkohlblätter in Salzwasser blanchieren und trocknen, wie auf S. 19 f. beschrieben. Blanchierwasser auffangen. Blattrippen flach schneiden und die Blätter auf einer Arbeitsplatte auslegen. Salzen und pfeffern.
2. Zwiebel schälen und in feine Würfel schneiden.
3. Petersilie und Dill abbrausen, trocken schütteln, die Blätter abzupfen und hacken. Eier trennen.
4. Hackfleisch mit Paniermehl, Zwiebelwürfeln, Eiweiß, Dijonsenf und Kräutern vermischen. Mit Salz und Pfeffer würzen und zu einer homogenen Masse verkneten
5. Vier Kohlblätter ausbreiten, je ein Viertel der Füllung auf ein Blatt geben, die Seiten einschlagen und aufrollen. Das Päckchen in zwei weitere Blätter einrollen. Kohlrouladen jeweils mit Garn umwickeln, die Enden verknoten.
6. Butter in einen Topf geben und zerlassen, die Rouladen darin bei mittlerer Hitze anbraten und leicht bräunen. Mit ¼ l Blanchierwasser ablöschen, Deckel auflegen und etwa 40 Minuten bei sanfter Hitze schmoren. Rouladen aus der Kochflüssigkeit heben und warm stellen.
7. Für die Sauce Eigelbe mit Senf über einem heißen Wasserbad mit einem Schneebesen oder Handrührgerät aufschlagen, bis eine helle, cremige Masse entstanden ist. Schmand einrühren, Salz und Pfeffer abschmecken.
8. Rouladen mit der Sauce servieren. Dazu passen Salzkartoffeln.

Orientalische Weißkohlrouladen mit Rosinen und Pinienkernen

ZUBEREITUNG ca. 30 Min.
GARZEIT ca. 40 Min.

12 Weißkohlblätter
Salz
schwarzer Pfeffer, frisch gemahlen
1 Zwiebel
½ Bund Koriandergrün
1 Brötchen vom Vortag
½ l Fleischbrühe
75 g Pinienkerne
250 g Kalbshackfleisch
100 g Ziegenfrischkäse
1 Ei
75 g Rosinen
½ TL Kreuzkümmelpulver (Cumin)
½ TL edelsüßes Paprikapulver
2 EL mittelscharfer Senf
1 Msp Gewürznelkenpulver
2 EL Olivenöl zum Braten

1. Weißkohlblätter in Salzwasser blanchieren und trocknen, wie auf S. 19 f. beschrieben. Blattrippen flach schneiden und die Blätter auf einer Arbeitsplatte auslegen. Salzen und pfeffern.
2. Zwiebel schälen und in feine Würfel schneiden. Koriander abbrausen und feinhacken. Brötchen in 3 EL Fleischbrühe einweichen, ausdrücken und in Stücke zupfen.
3. Pinienkerne in einer Pfanne ohne Fett bei mittlerer Hitze hellbraun rösten.
4. Backofen auf 160 °C vorheizen.
5. Hackfleisch mit Ziegenfrischkäse, Ei, Pinienkernen, Rosinen, Kreuzkümmel, Paprika, Senf, Nelke, Brötchen, Koriander und Zwiebel mischen und zu einer homogenen Masse verkneten. Mit Salz abschmecken. Jeweils 1 EL der Masse auf ein Weißkohlblatt geben, einrollen und nach Bedarf mit Küchengarn zubinden.
6. Olivenöl in einem Bräter erhitzen. Rouladen darin rundum bei mittlerer Hitze hellbraun anbraten.
7. Mit der restlichen Brühe begießen, Deckel auflegen und im vorgeheizten Backofen 35 Minuten auf der unteren Schiene garen.
8. Dazu passt Fladenbrot, das auch angeröstet werden kann.

Griechische Lamm-Kohlrouladen mit Feta aus dem Backofen

ZUBEREITUNG ca. 35 Min.
GARZEIT ca. 45 Min.

12 Weißkohlblätter
Salz
schwarzer Pfeffer, frisch gemahlen
1 Zwiebel
3 Knoblauchzehen
100 g Feta (siehe Seite 61)
½ Bund glattblättrige Petersilie
200 g Lammhackfleisch
½ TL Zimtpulver
Cayennepulver nach Geschmack
¼ l Fleischbrühe
200 g passierte Tomaten (Tomatenpassata)
2 Lorbeerblätter
dunkler Saucenbinder nach Bedarf

1. Weißkohlblätter in Salzwasser blanchieren und trocknen, wie auf S. 19 f. beschrieben. Die Blattrippen flach schneiden. Vier größere, auch etwas beschädigte Blätter beiseite legen. Acht Blätter auf einer Arbeitsplatte auslegen. Salzen und pfeffern.
2. Zwiebel schälen und in kleine Würfel schneiden. Knoblauchzehen schälen und mit etwas Salz auf einem Brett mit einer Gabel zerdrücken oder durch eine Knoblauchpresse geben. Feta aus der Lake heben und mit einer Gabel zerdrücken oder mit den Fingern zerbröseln. Petersilie abbrausen, trocken schütteln und mitsamt Stielen fein hacken.
3. Backofen auf 180 °C vorheizen.
4. Hackfleisch mit Zwiebeln, Knoblauch, Feta, Petersilie und den Gewürzen sowie 2 TL Salz mischen. In acht Portionen teilen. Jeweils eine Portion auf ein Kohlblatt geben. Zu kleinen Päckchen rollen, evtl. mit Zahnstochern verschließen. Die Päckchen eng nebeneinander in einen Bräter legen. Brühe aufkochen und mit den passierten Tomaten über die Kohlrouladen gießen. Lorbeerblätter dazugeben und pfeffern. Mit den größeren Kohlblättern bedecken, Deckel aufsetzen und im vorgeheizten Backofen auf der unteren Schiene ca. 45 Minuten garen.
5. Die auf dem Gericht liegenden Kohlblätter herausnehmen und klein schneiden. Kohlrouladen aus dem Bräter heben und im Backofen bei 100 °C warmstellen. Garflüssigkeit mit Saucenbinder etwas andicken, den klein geschnittenen Kohl hinzufügen, die Rouladen darauf setzen und servieren. Dazu passen Reis und ein grüner Salat.

Arabische Kohlrouladen
mit Lammhackfleisch und Minze

ZUBEREITUNG ca. 30 Min.
GARZEIT ca. 50 Min.

100 g Rundkornreis
Salz
16 Weißkohlblätter
schwarzer Pfeffer, frisch gemahlen
1 kleine Zwiebel
3 Knoblauchzehen
2 Zweige Minze
200 g Lammhackfleisch
2 TL Baharat
2 Bio-Zitronen
2 EL Olivenöl

1. Reis in Salzwasser etwa 18 Minuten kochen, er sollte noch Biss haben. In einem Küchensieb abtropfen lassen und beiseite stellen.
2. In der Zwischenzeit Kohlblätter blanchieren und trocknen, wie auf S. 19 f. beschrieben. Die Blattrippen flach schneiden, Kohlblätter auf einer Arbeitsplatte auslegen. Salzen und pfeffern.
3. Zwiebel und Knoblauch schälen, beides in feine Würfel schneiden.
4. Minze abbrausen und trocken schütteln, die Blätter abzupfen und feinhacken.
5. Reis, Zwiebeln, Knoblauch, Hackfleisch, Minze und Gewürze vermengen. Jeweils 1 TL Füllung auf ein Blatt geben. An den Seiten einklappen und aufrollen.
6. Eine Zitrone heiß abspülen und in dünne Scheiben schneiden, die zweite Zitrone halbieren und auspressen. 1 EL Olivenöl in einen Kochtopf geben. Den Boden mit der Hälfte der Zitronenscheiben auslegen. Eine Schicht Kohlrouladen auf die Zitronenscheiben geben. Die Kohlrouladen mit Zitronen bedecken und mit den restlichen Kohlrouladen belegen.
7. Heißes Wasser angießen, bis die Kohlrouladen knapp mit Wasser bedeckt sind, und salzen. Restliches Olivenöl und Zitronensaft dazugeben.
8. Zum Kochen bringen und abgedeckt etwa 50 Minuten bei sanfter Hitze schmoren.
9. Dazu passt Fladenbrot.

BAHARAT ist eine Gewürzmischung, die im arabischen Raum häufig eingesetzt wird. Es gibt unterschiedliche Zusammenstellungen, recht häufig werden aber die folgenden Kräuter und Gewürze verwendet: schwarzer Pfeffer, Gewürzpaprika, Koriandersamen, Gewürznelken, Kreuzkümmel, Kardamom, Muskatnuss und Zimt.

Malfouf
Libanesische Kohlrouladen mit Lammwürfeln

ZUBEREITUNG ca. 70 Min.
GARZEIT ca. 40 Min.

16 Weißkohlblätter
Salz
schwarzer Pfeffer, frisch gemahlen
200 g Lammfleisch aus der Keule
¼ TL Zimtpulver
¼ TL Pimentpulver
1 Msp Muskatnuss, frisch gerieben
50 g Langkornreis
4 Knoblauchzehen
10 Pimentkörner
½ l Lammfond
1 rote Zwiebel
3 EL Olivenöl zum Braten
1 EL Tomatenmark
Rotweinessig nach Geschmack

1. Weißkohlblätter in Salzwasser blanchieren und trocknen, wie auf S. 19 f. beschrieben. Die Blattrippen flach schneiden, Kohlblätter auf einer Arbeitsplatte auslegen. Salzen und pfeffern.
2. Lammfleisch mit einem scharfen Messer in kleine Würfel schneiden. Zimt, Piment und Muskatnuss mischen und das Fleisch damit von allen Seiten bestreuen, etwas einklopfen und 30 Minuten trocken marinieren.
3. In der Zwischenzeit Reis in Salzwasser bei sanfter Hitze etwa 18 Minuten kochen und abgießen. Er sollte noch etwas Biss haben.
4. Knoblauchzehen schälen und halbieren. Pimentkörner leicht andrücken. 2 EL Lammfond abnehmen und beiseite stellen. Restlichen Lammfond mit Knoblauch und Piment erhitzen, 30 Minuten ziehen lassen und abseihen.
5. Zwiebel schälen und in Würfel schneiden. Olivenöl erhitzen, Fleisch- und Zwiebelwürfel darin bei hoher Hitze anbraten. Tomatenmark dazugeben und mitrösten. Mit Salz und Pfeffer würzen. Mit dem beiseite gestellten Lammfond ablöschen, Reis untermischen und abkühlen lassen.
6. 1–2 TL Füllung jeweils auf ein Blatt geben und fest einrollen. In einen Kochtopf setzen und mit dem gewürzten Lammfond übergießen. Aufkochen, Deckel auflegen und mindestens 40 Minuten bei sanfter Hitze garen. Am Ende der Garzeit mit etwas Essig sowie Salz und Pfeffer abschmecken.
7. Dazu passt einfacher Langkornreis, wie er auch in der Füllung verwendet wird. Arabischer Reis mit Fadennudeln oder Fladenbrot schmecken ebenfalls gut dazu.

Japanische Kohlrouladen in Brühe

ZUBEREITUNG ca. 40 Min.
GARZEIT ca. 30 Min.

16 Weißkohlblätter
Salz
weißer Pfeffer, frisch gemahlen
50 g Zuckerschoten
2 Möhren
10 g getrocknete Shiitake
1 l Geflügelfond
1 EL Sake (japanischer Reiswein; alternativ: trockener Weißwein)
2 EL Tamari (Sojasauce, s. u.)
1 Zwiebel
250 g Schweinehackfleisch

1. Kohlblätter blanchieren und trocknen, wie auf S. 19 f. beschrieben. Blattrippen flach schneiden, Kohlblätter auf einer Arbeitsplatte auslegen. Salzen und pfeffern.
2. Zuckerschoten und Möhren waschen und putzen. Die Zuckerschoten schräg in breite Streifen schneiden. Eine Möhre in feine Stifte (Julienne) schneiden.
3. Geflügelfond erhitzen und Pilze darin zehn Minuten kochen. Herausnehmen, etwas abkühlen lassen, klein schneiden und beiseite stellen.
4. Das Gemüse im Fond bissfest garen, herausnehmen und beiseite stellen.
5. Den Fond mit Sake, Sojasauce, Salz und Pfeffer würzen und leicht köcheln lassen.
6. Für die Füllung die Zwiebel schälen und in feine Würfel schneiden. Restliche Möhre in sehr feine Würfel schneiden. Mit Hackfleisch mischen und zu einer homogenen Masse verarbeiten.
7. Jeweils 1 EL der Füllung auf ein Kohlblatt geben. Die Seiten einschlagen und die Blätter dabei fest aufrollen. Mit Holzstäbchen fixieren.
8. Kohlröllchen in einen Topf legen. Mit heißem Fond aufgießen und abgedeckt etwa 30 Minuten simmern lassen. Kohlrouladen aus der Brühe heben und im Backofen bei 100 °C warmstellen. Gemüse im Fond erhitzen.
9. Kohlrouladen mit der Brühe servieren.

Variation: Japanische Kohlrouladen mit frischen Pilzen
Statt getrockneter Shiitake können auch frische Shiitake und/oder Shimeji (Buchenpilze) verwendet werden. Davon kann ein Teil kleingeschnitten die Füllung ergänzen, die restlichen Pilze dann je nach Größe am Stück oder in mundgerechte Stücke geschnitten mit dem Gemüse im Fond garen und zum Schluss wieder dazugeben. Getrocknete Shiitake sorgen für einen kräftigen Umami-Geschmack; werden sie durch frische Pilze ersetzt, die Füllung noch mit etwas rotem Miso (siehe S. 90) würzen.

TAMARI ist eine Sojasauce, die nur aus Sojabohnen, Meersalz und Wasser hergestellt wird. Traditionell ist Tamari ein Nebenprodukt bei der Misoproduktion, um es haltbar zu machen, wurde ihm teilweise Mirin (der japanische süße Reiswein) zugesetzt. Heute wird Tamari meist industriell produziert. Tamari hat einen intensiven, salzigen Geschmack.

Indonesische Weißkohlrouladen
mit Huhn und schneller Erdnuss-Sauce

6 PORTIONEN

ZUBEREITUNG ca. 40 Min.
GARZEIT ca. 35 Min.

24 Weißkohlblätter
Salz
weißer Pfeffer, frisch gemahlen
150 g Langkornreis
2 EL Tomatenmark
100 g weiße Champignons
1 gelbe Gemüsepaprika
3 Tomaten
1 Hähnchenbrustfilet (ca. 150 g)
3 EL Erdnussöl
1 Dose Mais (ca. 120 g)
1 Dose Kidneybohnen (ca. 150 g)
2 Knoblauchzehen
1 TL Sambal Oelek (indonesische scharfe Chilipaste)
1 cm frischer Ingwer, nach Geschmack
½ l Geflügel- oder Gemüsebrühe

weiter auf der folgenden Seite

1. Weißkohlblätter in Salzwasser blanchieren und trocknen, wie auf S. 19 f. beschrieben. Blattrippen flach schneiden und jeweils zwei Blätter versetzt übereinander auf einer Arbeitsplatte auslegen. Salzen und pfeffern.
2. Reis in Salzwasser ca. 18 Minuten bissfest garen. Abgießen und abkühlen lassen. Tomatenmark einrühren.
3. Champignons putzen und fein würfeln. Paprika halbieren, Kerne und Trennwände entfernen und in kleine Würfel schneiden. Tomaten vierteln, Stielansatz entfernen und Tomatenviertel in kleine Würfel schneiden.
4. Hähnchenbrustfilet trocken tupfen, mit Salz und Pfeffer würzen.
5. Öl in einer Pfanne erhitzen, Hähnchenbrustfilet bei mittlerer Hitze darin anbraten. Einen Deckel auflegen, die Hitze reduzieren und weiterbraten, bis das Fleisch gar ist. Aus der Pfanne heben. In dem Bratfett Champignons und Paprika anbraten, mit den Tomatenwürfeln ablöschen. Hähnchenfleisch in kleine Würfel schneiden und zum Gemüse geben.
6. Mais und Kidneybohnen abgießen.
7. Knoblauch schälen, mit etwas Salz und einer Gabel zerdrücken oder durch eine Knoblauchpresse geben. Mit Mais, Kidneybohnen und Reis zur Gemüse-Hähnchen-Mischung geben. Gut vermengen und mit Sambal Oelek würzen. Nach Geschmack geschälten und fein geriebenen Ingwer untermischen.
8. Backofen auf 180 °C vorheizen.
9. Jeweils 1 EL Füllung auf ein Kohlblatt geben. Zu flachen Päckchen falten und mit einem Holzspieß verschließen. In einer Pfanne hellbraun anbraten, dann in eine feuerfeste Form geben. Mit Brühe übergießen und im vorgeheizten Backofen 35 Minuten auf der unteren Schiene garen.

Indonesische Weißkohlrouladen

SAUCE
1 Zwiebel
100 g Butter
200 g cremige Erdnussbutter
2–3 EL Erdnüsse, geröstet und grob gehackt

10. Zwiebel schälen und würfeln. Butter in einem kleinen Topf erhitzen, Zwiebelwürfel darin anbraten. Erdnussbutter dazugeben und bei Bedarf mit Wasser glatt rühren. Aufkochen und mit Salz abschmecken.

11. Die Kohlrouladen aus der Brühe heben, mit der Sauce und darüber gestreuten Erdnüssen servieren. Dazu passt einfacher Langkornreis.

Variationen zur Sauce:
Statt der Erdnussbutter, die Sauce mit einem indonesischen Saté-Mix zubereiten. Oder die cremige Erdnussbutter durch eine mit Stückchen ersetzen.

Vegane Variante:
Das Hähnchenfleisch durch gewürfelten Räuchertofu oder Tempeh-Stücke ersetzen und Gemüsebrühe verwenden. Anstelle der Butter, die Zwiebeln für die Sauce in 1 EL nativem Kokosöl anbraten und die Sauce dann mit Kokosmilch statt Wasser glattrühren.

Farschirovannaja Kapusta
Gefüllter Kohl

Neben Rouladen oder Päckchen lassen sich die Kohlblätter auch zu großen, gefüllten Paketen schnüren. Dazu gibt es in den verschiedenen Küchen einige Beispiele: in Frankreich den Chou farci (siehe Seite 115), in Sachsen kennt man das sogenannte „Gartenhuhn" – mit Hackfleisch gefüllte Lagen von Kohlblättern, die zusammengebunden gegart werden – und in der russischen Küche den Farschirovannaja Kapusta.

6 PORTIONEN

ZUBEREITUNG ca. 40 Min.
GARZEIT ca. 50 Min.

1 Weißkohl
1 Zwiebel
1 kg gemischtes Hackfleisch
 (halb Rinder-, halb Schweinehackfleisch)
100 g Langkornreis
Salz
schwarzer Pfeffer, frisch gemahlen
1 l kräftige Fleischbrühe
2 EL Mehl
2 EL Butter
50 g saure Sahne
1 EL Tomatenmark
1 Prise Zucker

2 ausgekochte Küchentücher oder
 Kloßtücher (Käsetücher)

1. Weißkohlblätter ablösen, in Salzwasser blanchieren und trocknen, wie auf S. 19 f. beschrieben. Die dicken Blattrippen etwas flach schneiden.
2. Zwiebel schälen und in feine Würfel schneiden. Mit Hackfleisch, Reis, Salz und Pfeffer vermischen.
3. Zwei Küchentücher über Kreuz auf die Arbeitsplatte legen. Die Kohlblätter auf den Küchentüchern kreisförmig auslegen, sodass die Blätter sich überlappen. Mit einem Teil der Hackfleischfüllung bestreichen. Dann die nächsten Blätter auf der Masse kreisförmig auslegen und mit Hackfleisch bestreichen. Fortfahren, bis Kohl und Hackfleisch aufgebraucht sind.
4. Die Küchentücher hochnehmen und zusammendrehen, mit Bindfaden verschließen. In einen großen Topf legen und mit 750 ml kochender Fleischbrühe aufgießen. Mindestens 50 Minuten bei sanfter Hitze köchelnd garen.
5. In der Zwischenzeit die Sauce zubereiten. Mehl bei mittlerer Hitze in einem Topf anrösten, bis es duftet. Butter hinzufügen und schmelzen. Nach und nach die restliche Fleischbrühe angießen und kräftig rühren, bis eine sämige Sauce entstanden ist. Saure Sahne und Tomatenmark einrühren. Mit Salz, Pfeffer und einer Prise Zucker abschmecken.
6. Den Kohl aus dem Topf heben, die Küchentücher lösen und den gefüllten Kohl auf eine tiefe Platte geben. In Stücke schneiden und mit der Tomatensauce servieren. Dazu passt Roggenbrot.

Sarma

Bosnische Krautwickel aus sauer eingelegtem Weißkohl

In mittel- und osteuropäischen Ländern werden ganze Weißkohlköpfe milchsauer eingelegt. Deren Blätter lassen sich auch zu Kohlrouladen verarbeiten. Eingelegte Blätter sind vakuumiert in Lebensmittelläden mit osteuropäischem Sortiment erhältlich.

ZUBEREITUNG ca. 35 Min.
GARZEIT ca. 35 Min.

1 Brötchen vom Vortag
100 ml Milch, lauwarm
50 g Langkornreis
Salz
2 Zwiebeln
1 Knoblauchzehe
200 g gemischtes Hackfleisch (halb Rinder, halb Schweinehackfleisch)
50 g geräucherter Schweinebauch, in kleine Würfel geschnitten
1 Ei
schwarzer Pfeffer, frisch gemahlen
½ TL Rosenpaprika
1 Glas sauer eingelegter Weißkohl (900 g Abtropfgewicht, ca. 8 Doppelblätter)
2 EL Sonnenblumenöl
400 g passierte Tomaten (Tomatenpassata)
200 g Schmand

1. Brötchen in lauwarmer Milch einweichen, bis alle Flüssigkeit aufgesogen ist. Ausdrücken und in kleine Stücke reißen.
2. Reis ca. 18 Minuten in Salzwasser fast gar kochen und abgießen. Er sollte noch etwas Biss haben.
3. Zwiebeln schälen und in kleine Würfel schneiden.
4. Knoblauchzehe schälen und mit etwas Salz auf einem Brett mit einer Gabel zerdrücken oder durch eine Knoblauchpresse geben.
5. Reis mit Hackfleisch, Schweinebauch, Ei, Brötchenstücken, der Hälfte der Zwiebelwürfel und der zerdrückten Knoblauchzehe zu einer gleichmäßigen Masse verkneten. Mit Salz, Pfeffer und Paprika würzen.
6. Die eingelegten Weißkohlblätter abspülen, abtupfen und ausbreiten. Je ein Viertel der Füllung auf ein Doppelblatt geben und zu Rouladen aufwickeln. Mit einem Zahnstocher oder Küchengarn verschließen.
7. In einem großen Topf Öl erhitzen. Restliche Zwiebeln darin bei mittlerer Hitze glasig anschwitzen. Tomaten dazugeben, aufkochen, mit Salz und Pfeffer abschmecken. Die Krautwickel hineingeben, Deckel auflegen und ca. 35 Min. bei sanfter Hitze schmoren.
8. Je einen Klecks Schmand auf die Kohlrouladen geben und in der Sauce servieren. Dazu passen Weißbrot und eingelegte Peperoni.

Variation: Sarmale – rumänische Kohlrouladen
Von diesem Gericht gibt es viele Variationen. In Rumänien verwendet man für diese Rouladen meist Schweinehack, die dann in einem großen Bräter zwischen Sauerkrautschichten gegart werden. Obenauf kommen geräucherte Rippchen oder geräucherter Schweinebauch, alternativ auch grüne Paprikastreifen mit Speckscheiben. Das Ganze wird mit heißer Fleischbrühe aufgefüllt und eine Stunde bei 180 °C in den vorgeheizten Backofen geschoben.
In Rumänien reicht man dazu Mamaliga, eine Art Polenta, die in Scheiben geschnitten serviert wird und dort als Nationalgericht gilt.

Töltött káposzta
Ungarische Krautwickel mit Sauerkraut

Ähnlich wie die bosnischen Krautwickel werden auch für Töltött káposzta milchsauer eingelegte Kohlblätter verwendet, es können aber auch frische Weißkohlblätter zum Einsatz kommen. Wie in der ungarischen Küche üblich, werden die Krautwickel in Schmalz angebraten und mit verschiedenen Paprikasorten gewürzt.

8 PORTIONEN

ZUBEREITUNG ca. 35 Min.
GARZEIT ca. 90 Min.

100 g Langkornreis
Salz
2 Zwiebeln
2 Knoblauchzehen
2 EL Gänse- oder Schweineschmalz
500 g gemischtes Hackfleisch (halb Rinder-, halb Schweinehackfleisch)
1 Ei
1 TL edelsüßes Paprikapulver
3 TL scharfes Paprikapulver
1 TL getrockneter Majoran
weißer Pfeffer, frisch gemahlen
1 Glas sauer eingelegter Weißkohl (900 g Abtropfgewicht; 8 Doppelblätter)
100 g durchwachsener Räucherspeck, dünn aufgeschnitten
1 kg Sauerkraut
4 EL Tomatenmark
⅛ l trockener Weißwein
⅛ l Wasser
2 EL Butter
1 EL Mehl
250 g saure Sahne

1. Reis in Salzwasser kochen, bis er fast gar ist (ca. 18 Minuten) und abgießen. Er sollte noch etwas Biss haben.
2. Zwiebeln und Knoblauch schälen und in feine Würfel schneiden. Schmalz erhitzen, die Zwiebeln bei mittlerer Hitze glasig anschwitzen. Knoblauch dazugeben und etwa eine Minute mitbraten.
3. Hackfleisch mit Reis, der Zwiebel-Knoblauch-Mischung und dem Ei gut vermengen. Mit je einem Teelöffel der beiden Paprikapulver, mit Majoran, Salz und Pfeffer würzen.
4. Die eingelegten Weißkohlblätter abspülen, abtupfen und ausbreiten. Je ein Achtel der Füllung auf ein Doppelblatt geben und fest zusammenrollen. Mit Holzstäbchen oder Küchengarn fixieren.
5. Backofen auf 160 °C vorheizen. Den Boden eines großen Bräters mit der Hälfte des Specks auslegen, das Sauerkraut darauf verteilen und etwas salzen.
6. Die Krautwickel auf das Sauerkraut legen, mit dem restlichen Speck bedecken.
7. Tomatenmark mit Weißwein und Wasser verrühren, salzen und pfeffern und das restliche Paprikapulver einrühren. Die Flüssigkeit über die Speckscheiben gießen. Mit einem Deckel verschließen und im vorgeheizten Backofen auf der unteren Schiene 60 Minuten schmoren.
8. Bei Bedarf Weißwein und Wasser nachgießen, Butterflöckchen auf die Speckscheiben setzen und abgedeckt bei 140 °C weitere 30 Minuten schmoren.
9. Rouladen mit Speckscheiben, Sauerkraut und einem Klecks saurer Sahne zu Salzkartoffeln oder Weißbrot servieren.

Kohlrouladen mit Fleisch

Rotkohlrouladen
mit Lammhackfleisch und Feta

ZUBEREITUNG ca. 20 Min.
GARZEIT ca. 40 Min.

8 Rotkohlblätter
1 EL Essig
Salz
schwarzer Pfeffer, frisch gemahlen
100 g Feta
1 Knoblauchzehe
200 g Lammhackfleisch
1 Ei
2 EL Paniermehl (Semmelbrösel)
1 TL Kreuzkümmelpulver (Cumin)
5 EL Olivenöl
½ l Fleischbrühe
dunkler Saucenbinder nach Bedarf

1. Rotkohlblätter blanchieren und trocknen, wie auf S. 19 f. beschrieben. Dem Salzwasser 1 EL Essig beifügen, damit die Kohlblätter ihre Farbe behalten. Die Blattrippen flach schneiden und jeweils zwei Blätter übereinander auf einer Arbeitsplatte auslegen. Salzen und pfeffern.
2. Feta zerkrümeln. Knoblauch schälen und mit etwas Salz zerdrücken oder durch eine Knoblauchpresse geben.
3. Für die Füllung das Hackfleisch mit Feta, Knoblauch, Ei, Paniermehl, Kreuzkümmel, Salz und Pfeffer verkneten.
4. Etwa einen Esslöffel Füllung auf jeweils zwei Rotkohlblätter geben und zu Päckchen zusammenrollen. Mit einem Zahnstocher oder Küchenzwirn verschließen.
5. Backofen auf 180 °C vorheizen.
6. Olivenöl in einer Pfanne erhitzen. Kohlrouladen von allen Seiten bei mittlerer Hitze darin kräftig anbraten. Dicht an dicht in eine feuerfeste Form mit Deckel geben, mit heißer Fleischbrühe übergießen, bis die Päckchen knapp bedeckt sind. Abgedeckt im vorgeheizten Backofen ca. 40 Minuten auf der unteren Schiene garen.
7. Die Kohlrouladen aus dem Sud heben und im Backofen bei 100 °C warmstellen. Die Garflüssigkeit mit Saucenbinder etwas andicken.
8. Mit Kartoffelpüree und grünem Salat servieren.

Variation: Füllung mit Thymian, Sardellenfilets und Kapern
Der Kreuzkümmel kann durch Thymian ersetzt werden. In die Füllung zusätzlich fünf klein gehackte Sardellenfilets und 2 EL gehackte Kapern geben.

FETA Original-Feta ist immer ein Salzlakenkäse, der aus Schafs- und/oder Ziegenmilch in Griechenland hergestellt wird (geschütztes Lebensmittel mit Herkunftsbezeichnung). Sein Geschmack ist kräftig-würzig. Eine weniger intensive Alternative ist Salzlakenkäse, der aus Kuhmilch produziert ist.

Rotkohlrouladen
mit Wildhackfleisch und Pfifferlingen

ZUBEREITUNG ca. 40 Min.
GARZEIT ca. 40 Min.

1 Rotkohl
1 EL Essig
Salz
schwarzer Pfeffer, frisch gemahlen
2 Zwiebeln
200 g frische Pfifferlinge
½ Bund glattblättrige Petersilie
6 EL Olivenöl
250 g Wildhackfleisch (alternativ: Lamm- oder Rinderhackfleisch)
1 Ei
2 EL Paniermehl (Semmelbrösel)
2 EL Sahne/Rahm
¼ l kräftiger Rotwein
¼ l Fleischbrühe
3 EL Preiselbeergelee
etwas Zucker, nach Geschmack
dunkler Saucenbinder nach Bedarf

1. 12 Rotkohlblätter ablösen und in Salzwasser mit 1 EL Essig blanchieren. Anschließend trocknen, wie auf S. 19 f. beschrieben. Blattrippen flach schneiden und die Blätter auf einer Arbeitsplatte auslegen. Salzen und pfeffern.
2. Restlichen Rotkohl in feine Streifen schneiden, den Strunk und die dicken Blattrippen dabei entfernen. Zwiebeln schälen und in feine Würfel schneiden. Pfifferlinge abbürsten, den sandigen Fuß jeweils abschneiden und die Pilze klein schneiden. Petersilie abbrausen, trocken schütteln und mitsamt Stängeln feinhacken.
3. 2 EL Olivenöl in einer Pfanne erhitzen. Zwiebelwürfel darin bei mittlerer Hitze goldgelb anbraten. Pfifferlinge dazugeben, stärker erhitzen und kräftig anbraten, bis Flüssigkeit austritt und wieder verdunstet. Mit Salz und Pfeffer würzen. Mit der Petersilie vermengen und abkühlen lassen.
4. Zwiebel-Pilz-Mischung mit Hackfleisch, Ei, Paniermehl und Sahne verkneten, bis eine homogene Masse entsteht.
5. Jeweils ein Viertel der Masse in drei Blätter einrollen und mit Küchengarn zubinden. 2 EL Öl in einem Bräter erhitzen, die Kohlrouladen von allen Seiten bei mittlerer Hitze anbraten. Aus dem Bräter heben.
6. Das restliche Öl in dem Bräter erhitzen, Kohlstreifen darin bei mittlerer Hitze anbraten. Mit Rotwein ablöschen, etwas einkochen lassen. Brühe zugießen und aufkochen.
7. Kohlrouladen wieder in den Topf geben, Deckel auflegen und ca. 40 Minuten bei sanfter Hitze garen.
8. Kohlrouladen aus dem Topf heben. Preiselbeergelee in die Kohlstreifen einrühren und mit Salz, Pfeffer und eventuell einer Prise Zucker abschmecken. Nach Bedarf mit etwas Saucenbinder andicken.
9. Rouladen auf dem Kohlgemüse servieren. Dazu passen rohe Kartoffelklöße oder Salzkartoffeln.

Königsberger Spitzkohlrouladen

ZUBEREITUNG ca. 40 Min.
GARZEIT ca. 20 Min.

1 Kopf Spitzkohl
Salz
weißer Pfeffer, frisch gemahlen
1 Bio-Zitrone
80 g Kapern (am besten die Größe Nonpareilles)
4 Sardellenfilets
1 Brötchen
250 g Kalbshackfleisch
1 Ei
1 Msp Muskatnuss, frisch gerieben
½ l Fleischbrühe (am besten Kalbsbrühe)
2 Lorbeerblätter
60 g Butter
3 EL Mehl
100 g Schmand
2 Stängel glattblättrige Petersilie

1. 16 Spitzkohlblätter ablösen, in Salzwasser blanchieren und trocknen, wie auf S. 19 f. beschrieben. Die Blattrippen flach schneiden und jeweils zwei Blätter übereinander auf einer Arbeitsplatte auslegen. Salzen und pfeffern.
2. Zitrone heiß abspülen und die Schale abreiben. Zitrone auspressen, Saft beiseite stellen. Kapern in ein Sieb geben, mit Wasser überbrausen und abtropfen lassen. Sardellenfilets und die Hälfte der Kapern feinhacken. Brötchen in lauwarmem Wasser einweichen, ausdrücken, in kleine Stücke zerpflücken (oder durch den Fleischwolf drehen).
3. Für die Füllung Hackfleisch mit Brötchen, Sardellen-Kapern-Mischung, Zitronenschale und Ei verrühren. Mit Salz, Pfeffer und Muskatnuss würzen.
4. Die Füllung in acht Portionen teilen und zu kleinen Bällchen rollen. Brühe mit den Lorbeerblättern kurz aufkochen, Hackfleischbällchen ca. 15 Minuten darin gar ziehen lassen. Aus der Brühe heben, auf die Kohlblätter geben und diese stramm aufrollen. Rouladen jeweils mit Küchengarn zusammenbinden oder mit Holzspießen verschließen.
5. 20 g Butter erhitzen, die Kohlrouladen von allen Seiten in einem großen Topf bei mittlerer Hitze anbraten, bis sie hellbraun sind. Mit Brühe angießen, aufkochen, den Deckel auflegen und etwa 20 Minuten bei sanfter Hitze garen. Rouladen herausheben und im Backofen bei 100 °C warmstellen.
6. Für die Sauce die restliche Butter zerlassen. Mehl mit einem Schneebesen einrühren und kräftig rühren. Die Brühe schluckweise dazugeben und mit dem Schmand zu einer glatten Sauce verrühren. Restliche Kapern und 2 EL Zitronensaft dazugeben, mit Salz und Pfeffer abschmecken. Petersilie abbrausen und trocken schleudern. Blättchen abzupfen und hacken, mit der Sauce vermischen.
7. Dazu passen Petersilienkartoffeln.

65

Spitzkohlröllchen
aus dem Backofen mit Meerrettichsauce

ZUBEREITUNG ca. 25 Min.
GARZEIT ca. 20 Min.

16 Spitzkohlblätter
Salz
weißer Pfeffer, frisch gemahlen
2 Brötchen vom Vortag
250 ml Fleischbrühe
100 g Paniermehl (Semmelbrösel)
40 g weiche Butter
250 g Rinder-Tatar (fettarmes Rinderhackfleisch)
1 Bund glattblättrige Petersilie
350 ml Gemüsebrühe
100 ml trockener Weißwein
2 EL Meerrettich, frisch gerieben oder aus dem Glas/aus der Tube
250 g Schmand
heller Saucenbinder nach Bedarf

1. Spitzkohlblätter in Salzwasser blanchieren und trocknen, wie auf S. 19 f. beschrieben. Die Blattrippen flach schneiden und zwei Blätter übereinander auf einer Arbeitsplatte auslegen. Salzen und pfeffern.
2. Brötchen in Fleischbrühe einweichen, ausdrücken und in grobe Stücke zupfen.
3. Paniermehl und Butter mit etwas Salz verkneten. Die Hälfte beiseite stellen. Die andere Hälfte mit dem Tatar zu einer homogenen Masse verkneten.
4. Backofen auf 200 °C vorheizen.
5. Petersilie abbrausen, trocken schütteln, mitsamt Stängeln feinhacken und die Hälfte einarbeiten. Füllung in acht Teile teilen und jede Portion in zwei Spitzkohlblätter einwickeln. In eine Auflaufform mit Deckel setzen, mit Gemüse- und übriger Fleischbrühe übergießen. Im vorgeheizten Backofen auf der unteren Schiene etwa 20 Minuten garen. Butterbrösel auf die Rouladen geben und weitere zehn Minuten ohne Deckel backen.
6. In der Zwischenzeit den Wein erhitzen, Meerrettich und Schmand einrühren und etwas einkochen lassen. Evtl. mit etwas Saucenbinder andicken. Mit Salz und Pfeffer abschmecken. Restliche Petersilie in die Sauce einrühren
7. Sauce mit den Rouladen servieren. Dazu passen Salzkartoffeln.

Lachanodolmádes Avgolémono
Kretische Kohlrouladen mit Ei-Zitronen-Sauce

ZUBEREITUNG ca. 35 Min.
GARZEIT ca. 45 Min.

150 g Langkornreis
12–16 Spitzkohl- oder Weißkohlblätter
Salz
weißer Pfeffer, frisch gemahlen
2 Zweige Dill
2 Zwiebeln, geschält
200 g Rinderhackfleisch
6 EL Olivenöl
2 EL Mehl
2 sehr frische Eigelbe
1–2 Zitronen, frisch gepresster Saft

1. Reis in Salzwasser bissfest kochen (ca. 18 Minuten).
2. 12–16 Spitz- bzw. Weißkohlblätter in Salzwasser blanchieren und trocknen, wie auf S. 19 f. beschrieben. Das Blanchierwasser beiseite stellen. Die Blattrippen flach schneiden und Kohlblätter auf einer Arbeitsplatte auslegen. Salzen und pfeffern.
3. Dill abbrausen, trocken schütteln, die Blättchen feinhacken.
4. Zwiebeln sehr klein würfeln oder reiben und mit Hackfleisch, Dill, Reis, 1 EL Olivenöl und Salz gut verkneten. Einen Teelöffel der Füllung auf jeweils ein Kohlblatt legen – wenn die Blätter klein sind: zwei Blätter übereinander legen – und aufrollen.
5. 1 EL Olivenöl in einen großen Kochtopf geben und mit den restlichen Kohlblättern auslegen. Darauf die Kohlrouladen dicht an dicht mit der offenen Seite nach unten setzen. Salzen und etwas pfeffern. Mit heißem Blanchierwasser übergießen, bis alles bedeckt ist. 1 EL Zitronensaft dazugeben. Falls die Rouladen aufschwimmen, mit einem Teller beschweren.
6. Zum Kochen bringen, Deckel aufsetzen und ca. 45 Minuten bei sanfter Hitze schmoren. Nach etwa 30 Minuten den Deckel abheben, damit etwas Flüssigkeit verdampft. Wenn die Rouladen gar sind, die Kochflüssigkeit vorsichtig abgießen und auffangen. Kohlrouladen im Backofen bei 100 °C warmstellen
7. Für die Sauce das restliche Olivenöl erhitzen, Mehl darin bei mittlerer Hitze anschwitzen, bis es hellbraun wird. Dann nach und nach die Kochflüssigkeit zugießen. Die Eigelbe leicht mit einer Gabel aufschlagen, mit etwas Sauce nach und nach vermischen, bis die Eigelbe etwas erwärmt sind, dann in die Mehlsauce einrühren, die nicht mehr köcheln darf. Mit Zitronensaft, Salz und Pfeffer abschmecken.
8. Die Sauce über die Kohlrouladen geben, etwa fünf Minuten durchziehen lassen – nicht mehr aufkochen! – und z. B. mit Pita (Fladenbrot) servieren.

Grünkohl-Bonbons

Der Grünkohl wird in dieser Vorspeise mit klassischen Zutaten originell serviert. Grünkohl ist wegen seiner Struktur nicht gut als „Verpackung" geeignet, aber in dieser Variante lassen sich kleine Brätportionen elegant einrollen.

4 PORTIONEN als Vorspeise

ZUBEREITUNG ca. 25 Min.
GARZEIT ca. 60 Min.

4 Grünkohlblätter mit Stiel
 (ca. 250 g)
Salz
1 kleine Zwiebel
1 Kohl- oder eine andere geräucherte Rohwurst
1 Msp Muskatnuss, frisch gerieben
schwarzer Pfeffer, frisch gemahlen
5 EL Rapsöl (alternativ: Schweineschmalz)
¼ l Fleischbrühe
2 Kartoffeln, bevorzugt eine mehlige Sorte
3 EL Milch, warm

1. Den unteren Stiel des Grünkohls abschneiden, so dass ein gut handtellergroßes Kohlblatt entsteht. Von diesem die Rippe glatt schneiden. Die Grünkohlblätter in Salzwasser je nach Dicke etwa drei Minuten blanchieren; abgießen und in der Salatschleuder trocknen.
2. Zwiebel schälen und in sehr kleine Würfel schneiden. Die Wurst längs aufschneiden und die Umhüllung entfernen. Wurstfüllung mit Zwiebeln vermischen, mit wenig Muskatnuss und Pfeffer würzen.
3. Etwas Füllung in die Mitte eines Grünkohlblatts geben, dann beide Seiten mit Küchengarn abbinden, so dass ein „Bonbon" mit gewelltem Rand entsteht.
4. 4 EL Öl bzw. Schmalz erhitzen, Grünkohlbonbons von allen Seiten bei mittlerer Hitze darin anbraten. Mit der Brühe auffüllen, Deckel aufsetzen und bei sanfter Hitze mindestens eine Stunde schmoren.
5. In der Zwischenzeit Kartoffeln schälen und in Salzwasser garen. Abgießen und mit einer Gabel zerdrücken, warme Milch zugießen und zu einem groben Kartoffelstampf verrühren. Mit etwas Muskatnuss würzen.
6. Jeweils einen kleinen Löffel Kartoffelstampf auf einen Dessertteller geben, mit Rapsöl beträufeln. Ein oder zwei Grünkohlbonbons dazulegen und heiß servieren.

Grünkohl-Pinkel-Rolle

Grünkohl und Pinkel gehören zur kulinarischen Tradition Norddeutschlands wie kaum ein anderes Gericht. Und auch Birne, Bohnen und Speck sind ein Klassiker dieser Heimatküche. Warum also die Zutaten nicht einmal von einer anderen Seite aufrollen? Ganz ohne Feststecken oder Knoten, denn das Schweinenetz verleiht dem ganzen Halt.

ZUBEREITUNG ca. 35 Min.
BACKZEIT ca. 40 Min.

1 Schweinenetz (beim Metzger vorbestellen)
10–12 Grünkohlblätter
1–2 Zwiebeln
200 g durchwachsener Speck oder Kassler
200 g mehlig kochende Kartoffeln
1 feste Birne oder mürber Apfel
2 geräucherte Kohlwürste (Pinkel) oder Bregenwürste
1 großes Ei
Salz
schwarzer Pfeffer, frisch gemahlen
1 Prise Pimentpulver
½ TL Kümmelpulver, nach Geschmack
1 EL Butterschmalz
½ l Fleischbrühe

1. Schweinenetz in kaltes Wasser einlegen. Grünkohlblätter je nach Größe drei Minuten in Salzwasser blanchieren, abschrecken und die dicken Blattrippen flachschneiden, Stielenden entfernen. Blanchierwasser beiseite stellen.
2. Zwiebeln schälen und klein würfeln. Speck oder Kassler in kleine Würfel schneiden. Speckwürfel in einer Pfanne auslassen, aus der Pfanne nehmen und die Zwiebeln im heißen Fett hell anschwitzen, danach etwas abkühlen lassen.
3. Kartoffeln schälen und in kleine Würfel schneiden. Birne oder Apfel schälen, vierteln, Kerngehäuse entfernen und die Viertel in Würfel schneiden. Pelle von den Würsten entfernen und das Brät mit Ei, Kartoffel-, Birnen- oder Apfel-, Zwiebel- und Speckwürfeln oder Kasslerwürfeln vermischen. Mit den Gewürzen abschmecken.
4. Schweinenetz ausdrücken und auf einer Arbeitsfläche ausbreiten, die Form sollte ungefähr rechteckig sein und die Breite des verwendeten Bräters haben. Grünkohlblätter überlappend darauf auslegen. Die Füllung als Rolle geformt darauf setzen. Die äußeren Blätter seitlich einschlagen und das Ganze zunächst ohne das Schweinenetz von der langen Seite aufrollen. Danach die Rolle fest in das Schweinenetz einwickeln.
5. Butterschmalz in einem Bräter zerlassen. Rolle darin von allen Seiten anbraten, mit Fleischbrühe aufgießen und abgedeckt bei sanfter Hitze 40 Minuten schmoren. Bei Bedarf Blanchierwasser nachgießen.
6. Die Rolle in Scheiben schneiden und mit Kartoffel- oder Steckrübenstampf servieren.

Grünkohl-Aprikosen-Rolle
mit Chorizo

Der Grünkohl wird in eine Art Biskuitteig eingebacken, der mit einer Aprikosen-Frischkäse-Creme gefüllt, aufgerollt und in Scheiben geschnitten wird.

4 PORTIONEN als Vorspeise

ZUBEREITUNG ca. 25 Min.
BACKZEIT ca. 60 Min.

50 g getrocknete Soft-Aprikosen
50 g Chorizo
200 g Frischkäse, Doppelrahmstufe
Salz
schwarzer Pfeffer, frisch gemahlen
500 g Grünkohl
4 Eier
1 Msp Muskatnuss, frisch gerieben

1. Aprikosen und Chorizo in kleine Würfel schneiden. Frischkäse glattrühren und mit den Würfeln mischen. Mit Salz und Pfeffer abschmecken.
2. Grünkohlblätter von den Stielen abstreifen und in grobe Stücke zupfen, anschließend in leicht gesalzenem Wasser drei Minuten blanchieren. Abgießen und in einer Salatschleuder trocknen.
3. Backofen auf 200 °C vorheizen.
4. Eier trennen. Eiweiß mit einer Prise Salz steif schlagen. Eigelbe mit Grünkohl in einer Küchenmaschine pürieren. Eiweiß unterheben und mit Muskatnuss, Salz und Pfeffer abschmecken.
5. Biskuitmasse auf ein mit Backpapier ausgelegtes Backblech geben und zu einem ca. 2 cm dicken Rechteck ausstreichen. Im Backofen zehn bis zwölf Minuten auf der zweiten Schiene von oben backen, bis sich der Teig leicht bräunlich färbt. Aus dem Backofen nehmen, mit einem seifenfreien Küchenhandtuch bedecken und auf die Arbeitsplatte stürzen. Das Backpapier abziehen.
6. Frischkäsemasse aufstreichen, dabei an den langen Seiten 2–3 cm freilassen. Von der langen Seite mit Hilfe eines Küchentuchs fest aufrollen. In Frischhaltefolie wickeln und eine Stunde in den Kühlschrank legen.
7. Die Rolle in Scheiben schneiden. Falls sich die Scheiben aufrollen, mithilfe von Zahnstochern fixieren.

Variation: Vegetarische Grünkohl-Aprikosen-Rolle
In der vegetarischen Variante Chorizo durch 50 g Mandelstifte ersetzen und zusätzlich mit 1 TL geriebenem Ingwer würzen.

CHORIZO ist eine spanische Spezialität. Die scharfe luftgetrocknete Wurst aus grob gehacktem Schweinefleisch wird mit Knoblauch, Chili und Paprika gewürzt.

Grünkohl-Hähnchen-Roulade „inside out"

Da sich die Blätter des Grünkohls nur schwer als Umhüllung verwenden lassen, wird das Kohlrouladen-Prinzip hier einfach umgedreht: Hähnchenfleisch umhüllt eine Grünkohlfüllung.

ZUBEREITUNG ca. 35 Min.
GARZEIT ca. 25 Min.

500 g Grünkohl
½ Bund Basilikum
100 g Walnusskerne
100 g Parmesan
3 EL Sonnenblumenöl
2 doppelte Hähnchenbrustfilets
Salz
schwarzer Pfeffer, frisch gemahlen
100 g Ziegenfrischkäse
Mehl nach Bedarf
100 ml trockener Weißwein
25 g Butter
½ Bund Schnittlauch

1. Grünkohl waschen, die Blätter von den harten Stielen abstreifen. Basilikum waschen und trocken schütteln.
2. Walnüsse grob hacken. Parmesan reiben und mit Grünkohl, Walnüssen und dem ganzen Basilikum in einer Küchenmaschine pürieren. Falls die Masse sehr fest ist, etwas Sonnenblumenöl dazugeben.
3. Hähnchenbrustfilets mit Küchenkrepp säubern und abtupfen. Zunächst in der Mitte an der Brustkante halbieren, dann mit einem breiten Messer, die Klinge parallel zum Schneidebrett, die Schnitzel jeweils so aufschneiden, dass sie an einem Rand noch zusammenhalten und aufgeklappt werden können (ähnlich wie ein Schmetterlingssteak). Mit Frischhaltefolie oder einem seifenfreien Küchenhandtuch bedecken und flachklopfen.
4. Backofen auf 180 °C vorheizen.
5. Hähnchenfilets salzen, pfeffern und mit Ziegenfrischkäse bestreichen. Jeweils ein Viertel der Grünkohlmischung auf ein Hähnchenbrustfilet streichen. Zu einer Roulade rollen, mit Zahnstochern oder Rouladennadeln feststecken. Ringsum mit etwas Mehl bestäuben.
6. Sonnenblumenöl in einem Bräter erhitzen. Rouladen bei mittlerer Hitze von allen Seiten anbraten. Mit Weißwein ablöschen und mit Butterflöckchen bedecken. Deckel auflegen und im vorgeheizten Backofen auf der zweiten Schiene von unten 25 Minuten garen.
7. Schnittlauch in Röllchen schneiden und über die Rouladen streuen. Mit Reis oder Kartoffelecken vom Blech servieren.

Kohlrouladen mit Fisch und Meeresfrüchten

Kochen ist eine Kunst und eine gar edele.

Henriette Davidis

Kalte Wirsingröllchen mit Räucherlachs

Für diese kleinen Wirsingröllchen, die als Vorspeise gedacht sind, werden die inneren, helleren Blätter des Wirsings verwendet. Diese werden nicht gegart, sondern lediglich geklopft, um die Struktur des Blattes etwas aufzubrechen. Die Röllchen werden auf einem Salatbett serviert, das aus dem restlichen Wirsing zubereitet wird.

4 PORTIONEN als Vorspeise

ZUBEREITUNG ca. 25 Min.

1 Wirsing
Salz
½ Zitrone, frisch gepresster Saft
3 EL Walnussöl
weißer Pfeffer, frisch gemahlen
200 g geräucherter Lachs (bevorzugt Stremellachs, alternativ Räucherlachsscheiben)
150 g Frischkäse, Doppelrahmstufe
100 g saure Sahne
2 TL geriebener Meerrettich aus dem Glas

TIPPS Wer rohen Wirsing nicht gut verträgt, kann alternativ auch Chinakohlblätter verwenden, die ebenfalls flach geklopft werden. Roher Chinakohl ist meist besser bekömmlich.

1. Für den Salat die äußeren Blätter des Wirsings ablösen, mit Wasser abbrausen und trocken tupfen oder schleudern, wie auf S. 19 f. beschrieben. Die dicken Blattrippen entfernen und die Wirsingblätter in feine Streifen schneiden. In einer Schüssel mit etwas Salz vermengen und mit den Händen gut durchkneten. 15 Minuten stehen lassen, danach den Wirsing mit einem Kartoffelstampfer bearbeiten, bis etwas Flüssigkeit heraustritt und die Struktur leicht aufgebrochen ist. Mit Zitronensaft und Walnussöl gut vermischen, mit Salz und Pfeffer abschmecken.
2. In der Zwischenzeit für die Röllchen die helleren, inneren Blätter des Wirsings ablösen. Die dicke Blattrippe in der Mitte des Blattes jeweils etwas flach schneiden. Die Blätter leicht salzen und etwa drei Blätter übereinander legen. Mit einem seifenfreien Küchentuch abdecken und mit einem Fleischklopfer plattieren, bis etwas Flüssigkeit aus den Blättern austritt.
3. Geräucherten Stremellachs mit einer Gabel auseinander zupfen, Räucherlachsscheiben mit einem großen Messer fein hacken. Mit Frischkäse, saurer Sahne und Meerrettich zu einer geschmeidigen Masse verrühren. Mit Salz und Pfeffer abschmecken.
4. Ein bis zwei Teelöffel Fisch-Mischung auf jeweils ein Dreier-Blatt streichen und die Wirsingblätter aufrollen. Die Röllchen in der Mitte schräg halbieren und auf der Wirsingrohkost servieren.

Kohlrouladen mit Fisch und Meeresfrüchten

77

Rustikale Seelachsroulade mit Speck in Wirsing

6 PORTIONEN

ZUBEREITUNG ca. 35 Min.
GARZEIT ca. 25 Min.

12 Wirsingblätter
Salz
weißer Pfeffer, frisch gemahlen
½ Zitrone, frisch gepresster Saft
400 g Seelachsfilet, möglichst ein dickeres Mittelstück (siehe Hinweis Seite 79)
2 Zwiebeln
100 g durchwachsener Speck (Bauchspeck)
300 g braune Champignons
1 EL Butter
200 ml Sahne/Rahm

1. Wirsingblätter in Salzwasser fünf Minuten blanchieren, abtupfen und die dicken Rippen glatt schneiden, wie auf S. 19 f. beschrieben. Blätter salzen und pfeffern und jeweils zwei Blätter übereinander legen.
2. Fisch in sechs Teile schneiden, mit Zitronensaft beträufeln, salzen und pfeffern.
3. Zwiebeln schälen und in feine Würfel schneiden.
4. Backofen auf 180 °C vorheizen.
5. Speck in feine Würfel schneiden, Champignons putzen und ebenfalls würfeln. Die Speckwürfel in der Pfanne bei mittlerer Hitze auslassen, bis die Würfel gebräunt, aber nicht zu kross sind. Dann die Zwiebeln dazugeben und kurz anbraten. Butter und die Champignonwürfel hinzufügen und fünf Minuten bei mittlerer Hitze garen. Die Hälfte beiseite stellen. Den Rest in sechs Portionen teilen und jeweils auf ein Wirsingblatt geben, ein Fischstück auflegen und alles zu einem strammen Päckchen falten. Mit der Öffnung nach unten in eine Auflaufform mit Deckel setzen.
6. Sahne aufkochen, die restliche Zwiebel-Speck-Pilzmischung dazugeben. Mit etwas Zitronensaft, Salz und Pfeffer würzen. Über die Rouladen gießen und abgedeckt auf der zweiten Schiene von unten im Backofen etwa 25 Minuten garen.
7. Dazu passt Reis oder ein Kartoffel-Sellerie-Püree.

Rotbarsch im Wirsingblatt

ZUBEREITUNG ca. 25 Min.
RUHEZEIT 1 Std.
GARZEIT ca. 30 Min.

8 hellere Wirsingblätter
Salz
weißer Pfeffer, frisch gemahlen
400 g Rotbarsch oder ein anderer Fisch mit festem Fleisch (siehe Hinweis unten)
½ Bund Kerbel oder glattblättrige Petersilie
1 Stange Porree/Lauch
5 EL Sojasauce
5 EL trockener Wermut (Noilly Prat, alternativ: trockener Sherry)
etwas Cayennepulver
1 EL Butter
¼ l Fischfond

1. Wirsingblätter in Salzwasser blanchieren und trocknen, wie auf S. 19 f. beschrieben. Blattrippen flach schneiden und Kohlblätter auf einer Arbeitsplatte auslegen. Salzen und pfeffern.
2. Fisch in 2 cm große Würfel schneiden.
3. Kerbel abbrausen, trocken schütteln, Blätter abzupfen und hacken.
4. Porree putzen und etwa vier Blätter ablösen. Diese in Salzwasser blanchieren und in längliche Streifen schneiden.
5. Aus Sojasauce, Wermut, Cayenne, Salz und Kerbel eine Marinade rühren und den Fisch hineingeben. Abgedeckt etwa eine Stunde kühl stellen.
6. Je ein Achtel der Masse auf ein Wirsingblatt geben, die Seiten darüber klappen und das Päckchen mit einem Porreestreifen zubinden.
7. Butter in einem großen Topf zerlassen und die Wirsingpäckchen von unten und den Seiten bei mittlerer Hitze anbraten. Fischfond angießen, Deckel aufsetzen und etwa 30 Minuten bei sanfter Hitze garen.
8. Den Sud mit weißem Pfeffer abschmecken.
9. Wirsingpäckchen mit der Sauce servieren. Dazu passen Salzkartoffeln.

FISCH *Auch andere weißfleischigen Fischarten eignen sich für diese Rouladen. Welche Arten nicht überfischt sind, kann man in den Fischratgebern von WWF oder Greenpeace auf deren Webseiten erfahren. Generell ist es sinnvoll, nur solche Fische zu verwenden, die das MSC- oder ASC-Siegel tragen oder als Bio-Produkte zertifiziert sind.*

Rotkohl-Fisch-Rouladen
mit Wasabisauce

ZUBEREITUNG ca. 30 Min.
GARZEIT ca. 30 Min.

1 EL Essig
8 Rotkohlblätter
Salz
weißer Pfeffer, frisch gemahlen
1 Bio-Limette
1 Brötchen vom Vortag
400 ml Fischfond
300 g Rotbarschfilet
   (alternativ: Seelachs, siehe Hinweis Seite 79)
1 Zwiebel
½ Bund glattblättrige Petersilie
1 Bund Dill
1 Ei
1 EL Butter
100 ml Sahne/Rahm
1–2 TL Wasabi (grüner japanischer „Meerrettich")
heller Saucenbinder

1. Essig in leicht gesalzenes Wasser geben und erhitzen (durch den Essig behalten die Blätter ihre kräftige Farbe). Rotkohlblätter darin blanchieren und trocknen, wie auf S. 19 f. beschrieben. Blattrippen flach schneiden und Kohlblätter auf einer Arbeitsplatte je zweifach übereinander auslegen. Salzen und pfeffern.
2. Limettenschale abreiben und Limette auspressen.
3. Für die Füllung Brötchen in ca. 1 cm große Würfel schneiden. 100 ml Fischfond mit 2 TL Limettensaft mischen. Über die Brötchenwürfel geben und kurz durchziehen lassen.
4. Fischfilets abspülen, trocken tupfen und noch eventuell vorhandene Gräten mit eine Pinzette entfernen. Filets in 1 cm große Würfel schneiden und mit 1 TL Limettensaft beträufeln.
5. Zwiebel schälen und feinhacken. Petersilie und Dill abbrausen, trocken schütteln, Blättchen abzupfen und hacken. Brötchen und Fisch mit Zwiebeln, Kräutern, Limettenschale, Ei, Salz und Pfeffer mischen.
6. Backofen auf 180 °C vorheizen.
7. Die Füllung in vier Portionen teilen und auf die Kohlblätter geben. Die Seiten einschlagen und die Blätter fest aufrollen und fixieren. In eine Auflaufform legen, mit dem restlichen Fischfond übergießen und mit Alufolie abdecken oder einen passenden Deckel auflegen. Im vorgeheizten Backofen ca. 20 Minuten auf der unteren Schiene garen. Dann Alufolie oder Deckel entfernen, Butterflöckchen auf die Rouladen geben und weitere zehn Minuten garen.
8. Rouladen aus der Form nehmen und warm stellen. Sud aus der Form durch ein Sieb in einen Topf abgießen. Mit Sahne und Wasabi erhitzen, mit Limettensaft abschmecken und mit Saucenbinder sämig aufkochen. Mit Salz und Pfeffer abschmecken.
9. Sauce separat zu den Rouladen reichen und mit Soba- oder Mie-Nudeln servieren, auch Reis passt dazu.

Rotkohlpäckchen
mit Zander und Süßkartoffeln

ZUBEREITUNG ca. 30 Min.
GARZEIT 30 Min.

ca. 400 g Süßkartoffeln
1 Sternanis
3 Pimentkörner
2 Gewürznelken
2 Kardamomkapseln
Salz
Cayennepulver
8 Rotkohlblätter
1 EL Essig
weißer Pfeffer, frisch gemahlen
2 Schalotten
Butter
2 EL getrocknete Physalis (im Naturkostladen oder Reformhaus), in Wasser eingeweicht (Einweichwasser auf die Seite stellen)
4 Zanderfilets ohne Haut à ca. 100 g
1 Stängel Zitronengras (siehe Seite 85)
200 ml Weißwein
200 ml Fischfond
125 g Crème fraîche

1. Süßkartoffeln schälen, grob würfeln und in einen Topf gegen. Wasser zugießen, bis die Süßkartoffeln gerade bedeckt sind. Mit Gewürzen – am besten in einem Gewürzsäckchen – und 1 TL Salz ca. 15 Minuten garkochen. Durch eine Flotte Lotte (Passevite) pressen, mit 1–2 EL Butter verrühren, mit Salz und Cayenne abschmecken.
2. In der Zwischenzeit Rotkohlblätter wie auf Seite 19 f. in mit Essig versetztem Salzwasser blanchieren, dicke Blattrippe flachschneiden und je zwei Blätter überlappend auslegen. Salzen und pfeffern.
3. Schalotten schälen und fein würfeln, in etwas Butter anbraten. Physalis halbieren und mit den Schalotten unter die Süßkartoffeln mengen. Fischfilets trocken tupfen.
4. Backofen auf 180 °C vorheizen.
5. Ein Achtel der Füllung auf den Doppelblättern verstreichen, ein Zanderfilet jeweils mittig darauf legen, mit einem weiteren Achtel der Füllung bestreichen. Blattseiten einschlagen, aufrollen und mit Küchengarn fixieren.
6. Vom Zitronengras die harten Blätter entfernen, den Stängel längs halbieren und anquetschen. Rouladen in einen Bräter legen, Weißwein mit Fischfond und Einweichwasser der Physalis angießen und Zitronengras hinzufügen. Den Deckel auflegen und etwa 30 Minuten im Ofen auf der unteren Schiene schmoren lassen.
7. Rouladen aus der Form nehmen und bei 100 °C warm stellen. Sud aus der Form durch ein Sieb in einen Topf gießen, aufkochen und bei starker Hitze auf die Hälfte reduzieren. Crème fraîche unterziehen, mit Salz und Pfeffer abschmecken.
8. Rouladen mit der Sauce servieren. Dazu passt ein Kopf- oder Eisbergsalat mit leichtem Sahne-Dressing.

Spitzkohlrouladen
nach Finkenwerder Art

ZUBEREITUNG 30 Min.
GARZEIT 20 Min.

8 Spitzkohlblätter
Salz
weißer Pfeffer, frisch gemahlen
2 Schollenfilets, küchenfertig, à ca. 130 g
100 g Nordseekrabben, ausgelöst
80 g Speckwürfel
½ Bio-Zitronen, Schalenabrieb
1 Stange Porree/Lauch
1 Brötchen vom Vortag, in Milch eingeweicht
1 Ei
½ Bund Schnittlauch, in feine Röllchen geschnitten
400 ml Fischbrühe
heller Saucenbinder nach Bedarf

1. Spitzkohlblätter in Salzwasser etwa drei Minuten blanchieren, abtupfen und die dicken Rippen flach schneiden. Blätter jeweils zwei überlappend auslegen, salzen und pfeffern.
2. Evtl. Fischgräten mit einer Pinzette entfernen, Schollenfilets würfeln. Speckwürfel in einer Pfanne kross ausbraten, aus der Pfanne nehmen.
3. Vom Lauch Wurzelansatz und harte grüne Blattenden entfernen. Acht äußere Lauchblätter beiseite legen, separat waschen und jeweils längs halbieren (dienen zum Fixieren der Päckchen). Restlichen Lauch halbieren, waschen, trockenschütteln und in feine Halbringe schneiden. Im ausgelassenen Fett der Speckwürfel anbraten, bis der Lauch etwas Farbe angenommen hat, und abkühlen lassen.
4. Brötchen ausdrücken, in feine Stücke zupfen. Mit Lauch, Speck, Krabben, Zitronenschale, Fischwürfeln, Schnittlauch und Ei vermengen. Mit Salz und Pfeffer abschmecken.
5. Je ein Viertel der Masse auf die Kohlblätter geben, diese seitlich einschlagen und straff aufrollen. Die Rouladen mit den beiseite gelegten Lauchstreifen fixieren.
6. Rouladen nebeneinander in einen weiten Topf legen, mit Brühe aufgießen und bei sanfter Hitze abgedeckt ca. 20 Minuten garen.
7. Bei Bedarf die Garflüssigkeit mit dem Saucenbinder andicken. Rouladen in der Sauce mit in Petersilienbutter geschwenkten Pellkartoffeln servieren.

Fischröllchen
mit Curry und Zitronengras

ZUBEREITUNG ca. 25 Min.
GARZEIT ca. 20 Min.

8 Spitzkohlblätter
1 Bio-Zitrone
400 g Seefischfilet (z. B. Kabeljau, Rotbarsch oder Seelachs – siehe Hinweis Seite 79)
1 Stängel Zitronengras
1 TL grüne Thai-Currypaste (Asialaden)
1–2 EL Sojasauce
1 Ei
3 EL Semmelbrösel oder Mie de Pain
Salz
2 EL Sonnenblumenöl
¼ l Gemüsebrühe

1. Die Spitzkohlblätter drei Minuten in Salzwasser blanchieren und abtropfen lassen. Zitrone heiß abspülen und die Schale abreiben. Zitrone halbieren und auspressen.
2. Fisch in feine Würfel schneiden oder durch die grobe Scheibe eines Fleischwolfs treiben. Mit der Hälfte des Zitronensafts beträufeln.
3. Zitronengrasstängel halbieren und das weiße, weiche Innere sehr fein schneiden.
4. Fisch mit Zitronengras, Zitronenschale, Currypaste, Sojasauce, Ei und Semmelbröseln zu einer homogenen Masse verarbeiten. Eventuell noch vorsichtig mit Salz abschmecken, aber Sojasauce und Currypaste sind meist schon recht intensiv.
5. Jeweils etwas Füllung auf ein Kohlblatt geben, einrollen und mit einem Holzspieß feststecken. Sonnenblumenöl in einem weiten Topf erhitzen. Röllchen darin bei mittlerer Hitze hellbraun anbraten. Mit Gemüsebrühe und dem restlichen Zitronensaft auffüllen, Deckel aufsetzen und 20 Minuten bei sanfter Hitze garen.
6. Mit Reis und z. B. einem Baby-Leaf-Salat servieren.

ZITRONENGRAS *ist recht hart, dies gilt insbesondere für den grünen Teil des Stängels. Aus diesem Grund muss der Stängel gekürzt und entweder das helle, weiche Innere in hauchdünne Scheiben geschnitten werden, die dann mitgegessen werde. Oder die gekürzten Stängel werden nach dem Entfernen der harten Hüllblätter der Länge nach halbiert und mit der flachen Seite eines breiten Kochmessers angequetscht und angebraten, damit sie das Aroma gut an das Gericht abgeben können. Getrocknetes und gemahlenes Zitronengras ist eine Alternative, aber weniger aromatisch.*

Geräucherte Forelle in Spitzkohl

ZUBEREITUNG ca. 30 Min.
GARZEIT ca. 25 Min.

8 Spitzkohlblätter
Salz
weißer Pfeffer, frisch gemahlen
2 Eier
700 g geräucherte Lachsforellenfilets
200 ml Sahne/Rahm
1 Bund Dill
1 kleines Glas Forellenkaviar
1 EL Butter
¼ l Fischfond
100 ml Weißwein
heller Saucenbinder nach Bedarf
¼ TL getrockneter Majoran

1. Spitzkohlblätter in Salzwasser blanchieren und trocknen, wie auf S. 19 f. beschrieben. Blattrippen flach schneiden und jeweils zwei Blätter übereinander auf einer Arbeitsplatte auslegen. Salzen und pfeffern.
2. Eier trennen. Die Eigelbe anderweitig verwenden.
3. Vier Stücke Lachsforelle à 80–100 g beiseite legen. Den restlichen Fisch kleinschneiden und mit Eiweiß und Sahne mit einem Stabmixer oder im Blender pürieren.
4. Dill abbrausen, trocken schütteln, die Blättchen abzupfen und hacken. Mit 2 EL Forellenkaviar unter die Sahnemischung ziehen. Mit Salz und Pfeffer würzen.
5. Jeweils ein Achtel der Masse auf die doppelten Spitzkohlblätter streichen, je ein Lachsforellenstück auflegen und mit der restlichen Masse bestreichen. Zu einem Päckchen falten und zubinden.
6. Butter zerlassen und die Päckchen bei mittlerer Hitze vorsichtig anbraten. Fischfond und Wein angießen und etwa 25 Minuten abgedeckt bei sanfter Hitze garen. Nach Bedarf mit etwas hellem Saucenbinder andicken.
7. Mit weißem Pfeffer und Majoran abschmecken.
8. Spitzkohlpäckchen mit Sauce servieren und mit dem restlichen Forellenkaviar dekorieren. Dazu passen kleine Pellkartoffeln.

Spitzkohlroulade
mit Kabeljau und Meeresfrüchten

ZUBEREITUNG ca. 25 Min.
GARZEIT ca. 20 Min.

16 Spitzkohlblätter
Salz
weißer Pfeffer, frisch gemahlen
300 g Kabeljau oder ein anderer weißfleischiger Seefisch (siehe Hinweis Seite 79)
2 Stängel Dill
1 Bio-Zitrone
2 EL trockener Wermut (Noilly Prat)
200 ml Sahne/Rahm, eisgekühlt
8 Tiefseegarnelen, geschält, ohne Kopf
2 EL Butter
¼ l Fischfond
25 g Krebssuppenpaste (alternativ: asiatische Garnelenpaste)
heller Saucenbinder nach Bedarf

1. 16 Blätter vom Spitzkohl in Salzwasser etwa drei Minuten blanchieren, abtupfen und die dicken Rippen flach schneiden. Blätter salzen und pfeffern, jeweils zwei Blätter gegeneinander versetzt übereinander legen.
2. Für die Füllung den Fisch in 1 cm große Stücke schneiden und für zehn Minuten ins Tiefkühlfach geben.
3. Dill abbrausen, trocken schütteln, die Blättchen abzupfen und feinhacken.
4. Zitrone heiß abspülen. Schale abreiben (etwa 1 TL).
5. Fischmasse mit Wermut, 50 ml Sahne, Dill und Zitronenschale mit einem Stabmixer oder im Blender zu einer glatten, nicht zu flüssigen Masse pürieren. Garnelen vierteln und mit einem Spatel in die Masse einarbeiten. Mit Salz und Pfeffer würzen.
6. Die Masse in acht Portionen teilen. Auf die Spitzkohl-Doppelblätter geben und alles zu Päckchen verschließen.
7. Butter in einem weiten Topf zerlassen, die Spitzkohlpäckchen bei mittlerer Hitze darin hellbraun anbraten. Fischfond angießen und aufkochen, Deckel aufsetzen und 20 Minuten bei sanfter Hitze garen.
8. Die Rouladen aus dem Topf heben und im Backofen bei 100 °C warmstellen. Garflüssigkeit etwas einkochen. Restliche Sahne und Krebspaste einrühren. Mit Salz und weißem Pfeffer abschmecken. Eventuell mit etwas hellem Saucenbinder andicken.
9. Die Rouladen mit der Sauce servieren. Dazu passt Butterreis.

Asiatische Chinakohlroulade
mit Fisch und Koriander

ZUBEREITUNG ca. 20 Min.
GARZEIT ca. 20 Min.

16 Chinakohlblätter
Salz
weißer Pfeffer, frisch gemahlen
1 Schalotte
1 Knoblauchzehe
½ Bund Koriandergrün
1 cm Ingwer
1 rote Chilischote nach Geschmack
250 g Zander- oder Kabeljaufilet
 (siehe Hinweis Seite 79)
100 g Tiefseegarnelen
ca. 50 ml Kokosmilch
Limettensaft nach Geschmack
¼ l Fischfond

1. Blätter vom Chinakohl in Salzwasser blanchieren (etwa drei Minuten), abtupfen und die dicken Blattrippen glatt schneiden. Blätter salzen und pfeffern und jeweils zwei Blätter gegeneinander versetzt übereinander legen.
2. Schalotte schälen und in feine Würfel schneiden. Knoblauchzehe schälen und mit etwas Salz auf einem Brett mit einer Gabel zerdrücken oder durch die Knoblauchpresse geben. Koriandergrün abbrausen, trocken schütteln, die Blätter abzupfen und feinhacken.
3. Ingwer schälen (siehe Tipp Seite 99) und reiben oder in winzige Würfel schneiden.
4. Chilischote halbieren, Kerne entfernen. Chili in winzige Würfel schneiden.
5. Für die Füllung den Fisch mit Tiefseegarnelen, Schalotten und Knoblauch mit einem Stabmixer oder in einem Blender pürieren. Etwas Kokosmilch dazugeben (die Masse darf nicht zu flüssig sein).
6. Gehackte Korianderblätter dazugeben. Mit Ingwer, Chili, Limettensaft, Salz und Pfeffer abschmecken.
7. Die Masse in acht Portionen teilen. Auf die Kohlblätter geben und jeweils zu einem Päckchen verschließen.
8. In einem Dämpfeinsatz (z. B. aus Bambus) ca. 20 Minuten über dem Fischfond garen.
9. Mit Reis und grünem Salat servieren.

Chinakohlröllchen
mit Thunfisch und Miso

ZUBEREITUNG ca. 25 Min.
GARZEIT ca. 15 Min.

8 Chinakohlblätter
Salz
400 g frischer Thunfisch (alternativ: Lachs, siehe auch Hinweis Seite 79)
1 Stange Porree/Lauch
1 Stück Ingwer, ca. 4 cm
2 EL geröstete Sesamsaat oder Gomasio (aus dem Asialaden)
2 EL Miso, Sorte nach Geschmack
1 Ei
2 EL Sesamöl
¼ l Fischfond
eingelegter Ingwer aus dem Glas (Sushi-Ingwer; aus dem Asialaden)

1. Chinakohlblätter drei Minuten in Salzwasser blanchieren. Abtropfen lassen. Thunfisch in feine Würfel schneiden.
2. Dunkles Porreegrün und Wurzelansatz entfernen. Das Weiße und Hellgrüne in Streifen schneiden, gründlich waschen und abtropfen lassen. Ingwer schälen (siehe Tipp Seite 99), reiben bzw. in sehr feine Würfel schneiden. Thunfisch, Porree, Ingwer, Sesamsaat, Miso und Ei mischen und zu einer homogenen Masse verarbeiten. Mit Salz abschmecken.
3. Jeweils etwas Füllung auf ein Chinakohlblatt geben, einrollen und mit einem Holzspieß feststecken. Sesamöl erhitzen, Röllchen darin bei mittlerer Hitze hellbraun anbraten. Mit Fischfond auffüllen, Deckel auflegen und 15 Minuten bei sanfter Hitze garen.
4. Mit eingelegtem Ingwer servieren. Dazu passt Reis.

MISO ist eine japanische Würzpaste, die aus fermentierten Sojabohnen und Reis, Gerste oder anderem Getreide und Salz besteht. Miso ist ein zentraler Bestandteil der japanischen Küche und neben Sojasauce allgegenwärtiges Würzmittel. Generell lässt sich sagen, dass hellere Misosorten feiner und dunklere kräftiger schmecken.

Kohlrouladen mit vegetarischer Füllung

*Die Entdeckung eines
neuen Gerichts ist für das
Glück der Menschheit
von größerem Nutzen
als die Entdeckung eines
neuen Gestirns.*

Jean Anthelme Brillat-Savarin

Wirsingröllchen
mit Austernpilzen und Frischkäse

ZUBEREITUNG ca. 35 Min.
GARZEIT ca. 25 Min.

12 Wirsingblätter
Salz
schwarzer Pfeffer, frisch gemahlen
60 g Basmatireis
1 Möhre
1 Knoblauchzehe
300 g Austernpilze
6 EL Olivenöl
½ Bund glattblättrige Petersilie
60 g Frischkäse, Doppelrahmstufe
¼ l Gemüsebrühe
100 ml Weißwein
100 ml Sahne/Rahm
1 Prise Zucker
heller Saucenbinder nach Bedarf

1. Wirsingblätter in Salzwasser blanchieren und trocknen, wie auf S. 19 f. beschrieben. Blattrippen flach schneiden und die Blätter auf einer Arbeitsplatte auslegen. Salzen und pfeffern.
2. Reis in Salzwasser etwa zwölf Minuten bissfest garen, abgießen und abtropfen lassen.
3. Möhre abbürsten oder schälen und grob raspeln.
4. Knoblauch schälen und mit einer Gabel auf einem Brett mit etwas Salz zerdrücken oder durch eine Knoblauchpresse geben.
5. Austernpilze putzen und in feine Streifen schneiden. 2 EL Öl in einer Pfanne erhitzen und Pilzstreifen im heißen Öl anbraten. Möhrenraspel dazugeben und drei Minuten mitbraten. Knoblauchzehe dazugeben, kurz weiterbraten. Abkühlen lassen.
6. Petersilie abbrausen, trocken schütteln und mitsamt Stängeln fein hacken. Frischkäse, Reis und Petersilie mit den Pilzen vermischen, mit Salz und Pfeffer abschmecken.
7. Jeweils einen Teelöffel der Masse auf ein Wirsingblatt geben. Zu Päckchen aufrollen und eventuell mit Garn zubinden. Restliches Öl erhitzen und die Röllchen von allen Seiten bei mittlerer Hitze hellbraun anbraten. Brühe und Wein zugießen, aufkochen, Deckel auflegen und 25 Minuten bei sanfter Hitze schmoren.
8. Wirsingröllchen aus dem Sud heben und im Backofen bei 100 °C warmstellen.
9. Sahne zur Garflüssigkeit gießen und aufkochen. Mit Salz, Pfeffer und einer Prise Zucker abschmecken. Falls gewünscht, mit Saucenbinder andicken. Dazu passen Reis oder Salzkartoffeln.

Verzolini della vigilia
Italienischer Weihnachtskohl

Das traditionelle Gericht stammt aus Borgo Val di Taro unweit von Parma.

ZUBEREITUNG ca. 30 Min.
GARZEIT ca. 45 Min.

1 großer Wirsing
Salz
weißer Pfeffer, frisch gemahlen
100 ml Milch, lauwarm
60 g altbackenes Weißbrot
180 g Parmesan (alternativ: Hartkäse aus mikrobiellem Lab, siehe Seite 119)
80 g Paniermehl (Semmelbrösel)
4 Eier
4 EL Butter
4 EL Olivenöl
1 Zwiebel
500 g passierte Tomaten (Tomatenpassata)
evtl. 50 ml trockener Weißwein oder Brühe

1. 16 Wirsingblätter in Salzwasser blanchieren und trocknen, wie auf S. 19 f. beschrieben. Blattrippen flach schneiden und jeweils zwei Blätter übereinander auf einer Arbeitsplatte auslegen. Salzen und pfeffern.
2. Restlichen Kohl ohne Strunk und dicke Blattrippen in feine Streifen schneiden.
3. Weißbrot in lauwarmer Milch einweichen. Aus der Milch heben, ausdrücken und feinhacken. Mit den Wirsingstreifen mischen. Parmesan reiben und mit Paniermehl und Eiern zum Wirsing geben. Alles zu einer gleichmäßigen Masse vermengen.
4. Wirsingmasse in acht Portionen teilen, auf die Doppel-Blätter geben und diese aufrollen. Mit Küchengarn fixieren.
5. 2 EL Butter mit 2 EL Olivenöl in einer Pfanne zerlassen. Rouladen von allen Seiten darin bei mittlerer Hitze anbraten.
6. Zwiebel schälen und in feine Würfel schneiden. Restliche Butter und restliches Olivenöl in einem weiten Topf erhitzen. Zwiebelwürfel darin bei mittlerer Hitze anschwitzen, passierte Tomaten dazugeben und aufkochen. Mit Salz und Pfeffer abschmecken. Angebratenen Wirsingrouladen in die Tomatensauce geben und den Deckel auflegen. Etwa 45 Minuten bei sanfter Hitze schmoren. Falls die Sauce zu stark einkocht, mit Weißwein oder Brühe auffüllen.
7. Mit Ciabatta oder einem anderen italienischen Weißbrot servieren.

Wirsingrouladen
mit Haselnuss-Ziegenkäse-Füllung

ZUBEREITUNG ca. 35 Min.
GARZEIT ca. 40 Min.

16 Wirsingblätter
Salz
schwarzer Pfeffer, frisch gemahlen
50 g Haselnüsse
2 kleine rote Zwiebeln
2 Knoblauchzehen
1 EL Rapsöl
150 g Ziegenrolle
150 g Ziegenfrischkäse
1 TL flüssiger Honig
½ Bund glattblättrige Petersilie
2 Zweige Thymian
2 Eier
4 EL Paniermehl (Semmelbrösel)
ca. 300 ml Orangensaft, am besten frisch gepresst
2 EL Butter
3 EL Crème fraîche
heller Saucenbinder nach Bedarf

1. Wirsingblätter in Salzwasser blanchieren und trocknen, wie auf S. 19 f. beschrieben. Blattrippen flach schneiden und jeweils zwei Blätter übereinander auf einer Arbeitsplatte auslegen. Salzen und pfeffern.
2. Haselnüsse in einer Pfanne ohne Fett anrösten. Abkühlen lassen und grob hacken.
3. Zwiebeln und Knoblauch schälen und in Würfel schneiden. Rapsöl erhitzen und die Zwiebel-Knoblauchmischung bei mittlerer Hitze goldgelb anbraten. Abkühlen lassen.
4. Ziegenrolle würfeln, mit Ziegenfrischkäse, Haselnüssen, Zwiebeln, Knoblauch und Honig vermengen. Kräuter abbrausen und trocken schütteln. Petersilie mitsamt Stängeln hacken, von den Thymianzweigen die Blättchen abzupfen. Petersilie und Thymian sowie Eier und Paniermehl zur Käsemischung geben und alles zu einer gleichmäßigen Masse verarbeiten.
5. Backofen auf 180 °C vorheizen.
6. Masse in acht Portionen teilen und auf die Wirsingblätter geben. Zu strammen Rouladen wickeln und mit der Naht nach unten eng nebeneinander in eine feuerfeste Form legen. Soviel Orangensaft angießen, dass die Röllchen knapp bedeckt sind. Butterflöckchen aufsetzen und im vorgeheizten Backofen auf der unteren Schiene etwa 40 Minuten garen.
7. Die Röllchen herausnehmen. Crème fraîche in die Flüssigkeit einrühren. Nach Bedarf mit etwas Saucenbinder andicken.
8. Dazu passen Salzkartoffeln.

Wirsingrouladen
mit Süßkartoffel-Kürbis-Füllung

ZUBEREITUNG ca. 1 Std.
GARZEIT ca. 35 Min.

16 Wirsingblätter
Salz
weißer Pfeffer, frisch gemahlen
4 EL Cashewkerne
200 g Süßkartoffeln
200 g Hokkaidokürbis
1 rote Zwiebel
1 Knoblauchzehe
1 rote Chilischote
2 cm Ingwer
½ Bio-Orange
2 EL Rapsöl
75 g Feta (siehe Seite 61)
½ l Gemüsebrühe
heller Saucenbinder nach Bedarf

1. Wirsingblätter in Salzwasser blanchieren und trocknen, wie auf S. 19 f. beschrieben. Blattrippen flach schneiden und die Blätter auf einer Arbeitsplatte auslegen. Salzen und pfeffern.
2. Cashewkerne ohne Fett in einer Pfanne goldbraun rösten, abkühlen und grob hacken.
3. Süßkartoffeln schälen und in 1 cm große Würfel schneiden. Hokkaidokürbis abspülen, Kerngeflecht entfernen und mit der Schale ebenfalls in 1 cm große Würfel schneiden.
4. Zwiebel schälen und würfeln. Knoblauchzehe schälen und mit einer Gabel und etwas Salz zerdrücken bzw. durch eine Knoblauchpresse geben. Chili längs halbieren, Kerne entfernen und Schoten klein würfeln. Ingwer schälen und fein reiben. Orange heiß abwaschen, trocknen und die Schale abreiben. Orangenhälfte auspressen.
5. Öl in einer Pfanne erhitzen. Zwiebel darin bei mittlerer Hitze goldgelb anschwitzen. Süßkartoffel- und Kürbiswürfel dazugeben und zehn Minuten bei mittlerer Hitze braten. Knoblauch, Ingwer und Chili hinzufügen und fünf Minuten weiterbraten. Abkühlen lassen.
6. Backofen auf 180 °C vorheizen.
7. Feta zerkrümeln und mit Orangenschale und Cashews zum Gemüse geben.
8. Je 1–2 TL Füllung auf ein Wirsingblatt geben. Das Blatt einrollen und mit Garn umwickeln oder mit Zahnstochern verschließen.
9. Wirsingrouladen in eine feuerfeste Form legen, mit Brühe und Orangensaft übergießen und ca. 35 Minuten im vorgeheizten Backofen garen. Rouladen aus der Form heben, die Garflüssigkeit eventuell mit etwas Saucenbinder andicken. Dazu passt Reis mit in Butter gebräunten Mandelblättchen.

KÜCHENTIPP *Die Schale des teilweise stark verzweigten Ingwers lässt sich ganz einfach mit der Kante eines Teelöffels entfernen.*

Wirsingrouladen
mit Basmatireis und roter Bete

ZUBEREITUNG ca. 45 Min.
GARZEIT ca. 30 Min.

12 Wirsingblätter
Salz
schwarzer Pfeffer, frisch gemahlen
2 mittelgroße Rote Beten
150 g Basmatireis
2 Zwiebeln
3 EL Olivenöl
50 g Feta
1 TL Kümmelsaat
½ l Gemüsebrühe
heller Saucenbinder nach Bedarf

1. Wirsingblätter in Salzwasser blanchieren und trocknen, wie auf S. 19 f. beschrieben. Blattrippen flach schneiden und die Blätter auf einer Arbeitsplatte auslegen. Salzen und pfeffern.
2. Rote Bete kräftig abbürsten, in leicht gesalzenem Wasser 30 Minuten garen. Etwas abkühlen lassen, dann die Schale abziehen und die Beten in kleine Würfel schneiden. Da Rote Bete stark färbt, am besten mit Einmalhandschuhen arbeiten.
3. In der Zwischenzeit Basmatireis in leicht gesalzenem Wasser ca. zwölf Minuten fast gar kochen. Er sollte noch etwas Biss haben. Abgießen und zum Abkühlen beiseite stellen.
4. Zwiebeln schälen und in Würfel schneiden. 1 EL Olivenöl erhitzen. Zwiebelwürfel darin bei mittlerer Hitze goldgelb anschwitzen. Rote-Bete-Würfel und Reis mit den Zwiebelwürfeln mischen. Feta zerkrümeln und einarbeiten. Kümmel im Mörser etwas zerstoßen und zur Mischung geben. Mit Salz und Pfeffer abschmecken.
5. Je einen Esslöffel der Mischung auf ein Wirsingblatt geben. Seiten einschlagen und die Blätter aufrollen, mit einem Zahnstocher verschließen. Restliches Öl erhitzen und die Wirsingrouladen darin rundum anbraten. Gemüsebrühe angießen, Deckel auflegen und bei sanfter Hitze 30 Minuten schmoren.
6. Garflüssigkeit nach Bedarf mit etwas Saucenbinder andicken. Dazu passen Pellkartoffeln.

Vegane Variante: Den Feta durch klein gewürfelten Räuchertofu ersetzen oder Naturtofu zerkrümeln und mit 1 EL Hefeflocken vermischen.

Variante für die Hülle: Ebenfalls zu den *Brassicaceae* gehört Kohlrabi, von dem man nicht nur die Knolle roh oder gegart genießen kann, sondern auch die Blätter, die einen sehr würzigen Geschmack besitzen. Es gibt Kohlrabi-Sorten, die besonders große Knollen haben und entsprechend großblättrig sind (z. B. „Superschmelz"). Deren unblanchierte Blätter eignen sich auch für gegarte Rouladen-Rezepte, besonders für solche mit kleineren Röllchen.

Kleine Wirsingröllchen
mit Pilzen und Walnüssen

4 PORTIONEN als Vorspeise

ZUBEREITUNG ca. 40 Min.
GARZEIT ca. 30 Min.

12 helle Wirsingblätter
Salz
weißer Pfeffer, frisch gemahlen
400 g braune Champignons
1 Schalotte
½ Bio-Zitrone
8 Salbeiblätter und kleine Blättchen, nach Geschmack
¼ Bund glattblättrige Petersilie
2 EL Butter oder Rapsöl
1 EL trockener Sherry
30 g Walnusskerne
etwas Sahne/Rahm zum Angießen
2 EL Schmand oder veganer Sauerrahm

1. Wirsingblätter in Salzwasser blanchieren und trocknen, wie auf S. 19 f. beschrieben. Blattrippen flach schneiden und die Blätter auf einer Arbeitsplatte auslegen. Salzen und pfeffern.
2. Champignons putzen und in sehr kleine Würfel schneiden.
3. Schalotte schälen und fein würfeln. Zitrone heiß abwaschen und trocknen. Von der halben Zitrone nach Geschmack die Schale abreiben und den Saft auspressen.
4. Salbei und Petersilie abbrausen und trocken schütteln. Salbeiblätter in feine Streifen schneiden, Petersilie mitsamt Stängeln fein hacken.
5. 1 EL Butter in einer Pfanne zerlassen, Schalottenwürfelchen darin bei mittlerer Hitze anschwitzen, dann die Pilze dazugeben, salzen und pfeffern. Bei stärkerer Hitze braten. Sherry zugießen und die Flüssigkeit bei mittlerer Hitze einkochen lassen.
6. Walnusskerne ohne Fett in einer Pfanne anrösten, abkühlen lassen und hacken. Zur Pilzmasse geben. Mit Salz, Pfeffer und Zitronensaft abschmecken, eventuell noch die Zitronenschale dazugeben. Kräuter unterrühren.
7. Backofen auf 170 °C vorheizen.
8. Jeweils etwa einen Esslöffel Pilzmasse auf ein Wirsingblatt geben, straff einrollen. Die Röllchen in eine feuerfeste Form setzen. Mit Butterflöckchen und nach Geschmack mit kleinen Salbeiblättchen belegen und im vorgeheizten Backofen 30 Minuten garen. Sobald sie an der Oberfläche anfangen braun zu werden, ein wenig Sahne darübergießen und weitergaren. Etwas abkühlen lassen (die Röllchen sollten lauwarm sein) und jeweils mit einem Klecks Schmand servieren.
9. Dazu passt Feldsalat mit Apfelstiften.

Kleine Wirsingröllchen
mit Pilzen und Walnüssen

Variation: Wirsingröllchen mit getrockneten Tomaten
Die Pilzmasse mit sechs in Öl eingelegten, getrockneten Tomaten, die in kleine Würfel geschnitten wurden, ergänzen. Die Pilz-Schalotten-Mischung mit etwas Zitronensaft statt Sherry ablöschen. Statt der Salbeiblätter insgesamt ½ Bund glattblättrige Petersilie mitsamt Stängeln kleingehackt zur Füllung geben.

Variation: überbackene Wirsingwickel mit Champignon-Salbei-Füllung
Füllung ohne Nüsse nur mit Champignons, einer Zwiebel (statt Schalotte) und Salbei zubereiten. 200 g Bergkäse fein reiben, 150 g davon unter die Füllung mischen, erst danach mit Salz und Pfeffer abschmecken. Je ein Viertel der Mischung auf insgesamt acht Wirsingblätter geben, die paarweise zusammenliegen. Daraus straffe Päckchen wickeln und eng nebeneinander in eine Auflaufform legen. 150 ml Gemüsebrühe angießen und mit dem restlichen Bergkäse bestreuen. Wie oben garen, aber heiß servieren. Dazu passen Pellkartoffeln und ein grüner Salat.

Wirsingrouladen
mit Grünkern und Haselnüssen

ZUBEREITUNG ca. 1 Std.
GARZEIT ca. 25 Min.

12 Wirsingblätter
Salz
schwarzer Pfeffer, frisch gemahlen
50 g Haselnüsse
1 Zwiebel
1 Möhre
1 Stange Porree/Lauch
2 EL Rapsöl
100 g Grünkernschrot
½ l Gemüsebrühe
1 Zweig Thymian
2 Stängel glattblättrige Petersilie
25 g Parmesan (alternativ: Hartkäse aus mikrobiellem Lab, siehe Seite 119)
1 Ei
1 EL mildes Currypulver
125 g Crème fraîche
1–2 TL Zitronensaft
heller Saucenbinder nach Bedarf

1. Wirsingblätter in Salzwasser blanchieren und trocknen, wie auf S. 19 f. beschrieben. Blattrippen flach schneiden und die Blätter auf einer Arbeitsplatte auslegen. Salzen und pfeffern.
2. Haselnüsse in einer Pfanne ohne Fett rösten, bis die Häutchen abplatzen. Abkühlen lassen, zwischen den Händen reiben, bis alle Häutchen entfernt sind und die Nüsse grob hacken.
3. Zwiebel schälen und würfeln. Möhre abbürsten oder schälen und in dünne Streifen schneiden (Julienne). Porree in Ringe schneiden und in einem Sieb abbrausen, dann abtropfen lassen.
4. 1 EL Öl in einem Topf erhitzen, Zwiebel darin bei mittlerer Hitze anschwitzen. Grünkern dazugeben und kurz mitbraten. Mit 250 ml Brühe ablöschen, aufkochen und 15–20 Minuten bei sanfter Hitze köcheln lassen, bis der Grünkern gar ist. Restliche Flüssigkeit abgießen und auffangen. Grünkern abkühlen lassen.
5. Kräuter abbrausen. Blättchen vom Zweig zupfen (Thymian ca. 1 TL), Petersilie hacken (ca. 1 EL).
6. Parmesan reiben und zum Grünkern geben. Kräuter und Ei einarbeiten, mit Salz und Pfeffer abschmecken. Auf jeweils ein Wirsingblatt einen Teelöffel Füllung verteilen. Zu festen Päckchen rollen und mit einem Zahnstocher zustecken.
7. Restliches Öl erhitzen, die Wirsingpäckchen bei mittlerer Hitze rundum anbraten und beiseite legen. Möhren und Porree darin anbraten, mit Curry abschmecken und restliche Brühe auffüllen.
8. Wirsingröllchen zurück in den Topf geben, Deckel auflegen und 25 Minuten bei sanfter Hitze garen.
9. Rouladen aus dem Topf nehmen und im Backofen bei 100 °C warmstellen.
10. Crème fraîche in die Garflüssigkeit einrühren und kurz aufkochen. Mit Zitronensaft, Salz und Pfeffer abschmecken. Nach Bedarf mit etwas Saucenbinder andicken und mit Salzkartoffeln zu den Rouladen servieren.

Wirsingtorte
mit Quinoa und Buchweizen

Diese Torte wird ähnlich wie Chou farci (siehe Seite 114) in einer runden Form zubereitet. Sie wird lauwarm oder kalt in Stücke geschnitten serviert.

ZUBEREITUNG ca. 75 Min.
GARZEIT ca. 20 Min.

1 Wirsing
3 EL Olivenöl
Salz
100 g helle Quinoa
100 g geschälter Buchweizen
1 Zwiebel
2 Knoblauchzehen
350 ml passierte Tomaten (Tomatenpassata)
2 TL Kreuzkümmelpulver (Cumin)
1 TL geräuchertes Paprikapulver (alternativ: edelsüßes Paprikapulver)
schwarzer Pfeffer, frisch gemahlen

1. Vom Wirsing 10–15 Blätter ablösen und in kochendem Salzwasser etwa 15 Minuten vorgaren. Aus dem Wasser heben, trocknen und die dicken Blattrippen flachschneiden. Eine runde Auflaufform oder einen hitzebeständigen Topf mit 1 EL Olivenöl auspinseln. Anschließend Küchengarn auslegen, so dass sich später ein großes Päckchen schnüren lässt. Wirsingblätter überlappend in der Form auslegen und leicht salzen.
2. Restlichen Wirsing in feine Streifen schneiden, dabei die dicken Blattrippen und den Strunk entfernen.
3. Quinoa in einem feinmaschigen Sieb mit Wasser abspülen und abtropfen lassen.
4. Buchweizen mit der vierfachen Menge Salzwasser aufkochen, Hitze reduzieren. Nach 15 Minuten Quinoa dazugeben und weitere 15 Minuten leicht kochen. Bei Bedarf etwas Flüssigkeit auffüllen, damit die Körner nicht anbrennen. Vom Herd nehmen und ausquellen lassen. Überschüssige Flüssigkeit abgießen.
5. Backofen auf 180 °C vorheizen.
6. Zwiebel schälen und in Würfel schneiden. Knoblauch schälen und durch eine Knoblauchpresse drücken. 2 EL Olivenöl in einem großen Topf erhitzen. Zwiebelwürfel bei mittlerer Hitze hellbraun anschwitzen. Knoblauch dazugeben, etwa zwei Minuten mitgaren. Mit passierten Tomaten auffüllen und weitere zehn Minuten garen. Buchweizen und Quinoa hinzufügen. Mit Kreuzkümmel, Paprika, Salz und Pfeffer abschmecken.
7. Die Füllung auf die Wirsingblätter geben, Blätter über der Füllung einschlagen und mit dem Garn verschnüren. Etwas Wasser angießen und im Backofen 20 Minuten auf der zweiten Schiene von unten garen.
8. Aus dem Ofen nehmen und abkühlen lassen. Die Fäden entfernen und die Wirsingtorte in Stücke schneiden. Mit einem grünen Salat servieren.

Weißkohlrollen
mit Couscous, Mandeln und Aprikosen

RUHEZEIT 8 Std. oder über Nacht
ZUBEREITUNG ca. 40 Min.
GARZEIT ca. 30 Min.

50 g getrocknete Aprikosen, über Nacht in 100 ml Orangensaft eingeweicht
16 Weißkohlblätter
Salz
weißer Pfeffer, frisch gemahlen
1 kleine Zucchini (ca. 100 g)
150 g Instant-Couscous
¾ l Gemüsebrühe
2 EL Tomatenmark
100 g ganze ungeschälte Mandeln
1 Zweig frischer Rosmarin
1 Zwiebel
3 EL Rapsöl
½ TL Curry, mild
200 g Frischkäse, Doppelrahmstufe
heller Saucenbinder nach Bedarf
100 g Schmand

1. Eingeweichte Aprikosen in kleine Würfel schneiden.
2. Kohlblätter in Salzwasser blanchieren und trocknen, wie auf S. 19 f. beschrieben. Blattrippen flach schneiden und die Blätter auf einer Arbeitsplatte auslegen. Salzen und pfeffern.
3. Backofen auf 200 °C vorheizen.
4. Zucchini waschen und in kleine Würfel schneiden. Mit wenig Salz bestreuen und 15 Minuten in einem Lochsieb etwas Flüssigkeit ziehen lassen.
5. Couscous mit ¼ l Brühe übergießen und etwa zehn Minuten quellen lassen. Mit einer Gabel auflockern.
6. In die restliche Brühe Tomatenmark einrühren und beiseite stellen.
7. Mandeln ohne Fett in einer Pfanne rösten. Abkühlen lassen und hacken. Rosmarin abbrausen, trocken schütteln, Nadeln abzupfen und feinhacken (ca. ½ TL).
8. Zwiebel schälen und feinhacken. Zwiebelwürfel in 1 EL Rapsöl hellbraun anbraten. Trocken getupfte Zucchiniwürfel dazugeben und etwa fünf Minuten mitbraten. Curry und Rosmarinnadeln untermischen.
9. Couscous mit Aprikosen, Mandeln, Zucchini-Mischung und Frischkäse vermengen. Mit Salz und Pfeffer abschmecken.
10. Je einen Esslöffel Füllung auf ein Weißkohlblatt geben. Aufrollen und mit einem Zahnstocher verschließen. Die Weißkohlrollen im restlichen Rapsöl in einem Bräter bei mittlerer Hitze anbraten, mit der restlichen Brühe begießen. Die Päckchen sollten nicht vollständig von Flüssigkeit bedeckt sein.
11. In den Backofen schieben und auf der unteren Schiene ca. 30 Minuten garen. Die Rouladen zwischendurch wenden.
12. Die Rouladen aus der Brühe heben. Diese je nach Wunsch andicken, dann Schmand einrühren. Weißkohlrollen in der Sauce servieren. Dazu passen Salzkartoffeln.

Weißkohlröllchen
mit Hirse- und Möhrenfüllung

ZUBEREITUNG ca. 50 Min.
GARZEIT ca. 30 Min.

16 Weißkohlblätter
Salz
weißer Pfeffer, frisch gemahlen
200 g geschälte Hirse
800 ml Gemüsebrühe
1 Zwiebel
1 mittelgroße Möhre
1 Knoblauchzehe
1 EL Rapsöl
1 TL milde Currypaste (alternativ: 1 TL Garam Masala, indische Gewürzmischung)
1 Ei
40 g Parmesan, frisch gerieben (alternativ: Hartkäse aus mikrobiellem Lab, siehe Seite 119)
150 g Frischkäse, Doppelrahmstufe
½ Bund Koriander (alternativ: glattblättrige Petersilie)

1. Weißkohlblätter in Salzwasser blanchieren und trocknen, wie auf S. 19 f. beschrieben. Blattrippen flach schneiden und jeweils zwei Blätter übereinander auf einer Arbeitsplatte auslegen. Salzen und pfeffern.
2. Hirse unter fließendem Wasser in einem Sieb abspülen. In einen großen Topf geben und ohne Fett bei mittlerer Hitze rösten, bis die Körner getrocknet sind und duften. 400 ml Gemüsebrühe angießen, aufkochen und bei sanfter Hitze zugedeckt 15–20 Minuten quellen lassen, bis die Flüssigkeit aufgesogen ist.
3. Zwiebel schälen und in Würfel schneiden. Möhre kräftig abbürsten oder schälen und grob raspeln. Knoblauchzehe schälen und durch die Knoblauchpresse drücken oder auf einem Brett mit etwas Salz und einer Gabel zermusen.
4. Rapsöl in einem weiten Topf erhitzen. Zwiebelwürfel bei mittlerer Hitze darin goldgelb anbraten. Dann Möhrenraspeln und Knoblauch dazugeben, etwa drei Minuten mit anschwitzen. Mit Currypaste, Salz und Pfeffer würzen. Beiseite stellen.
5. Backofen auf 200 °C vorheizen.
6. Hirse, Gemüse, Ei und 20 g Parmesan mischen und mit Salz und Pfeffer abschmecken.
7. Mischung in acht Portionen teilen und jeweils auf ein Doppelblatt geben. Zu Päckchen rollen und mit einem Zahnstocher verschließen. Die Röllchen in eine Auflaufform legen.
8. Restliche Brühe aufkochen, Frischkäse und den restlichen Parmesan einrühren. Die Röllchen mit der Flüssigkeit begießen.
9. Im Backofen auf der zweiten Schiene von unten etwa 30 Minuten garen.
10. Koriander abbrausen, die Blättchen abzupfen und feinhacken. Vor dem Servieren über die Röllchen geben. Dazu passt Weißbrot.

Mit Schafskäse und Rosmarin gefüllte Kohlpäckchen

ZUBEREITUNG ca. 30 Min.
GARZEIT ca. 25 Min.

12 Weißkohlblätter
Salz
schwarzer Pfeffer, frisch gemahlen
500 g Tomaten
1 Zwiebel
5 EL Olivenöl
300 g bulgarischer Schafskäse/
 Sirene (alternativ: Feta)
1 Zweig Rosmarin

1. Weißkohlblätter in Salzwasser blanchieren und trocknen, wie auf S. 19 f. beschrieben. Blattrippen flach schneiden und die Blätter auf einer Arbeitsplatte auslegen. Salzen und pfeffern.
2. Für die Sauce Tomaten kreuzweise am Blütenansatz einschneiden. Mit kochendem Wasser überbrühen, die Schale abziehen, den Stielansatz jeweils entfernen. Tomaten in Würfel schneiden. Zwiebel schälen und in Würfel schneiden. 2 EL Olivenöl erhitzen. Die Zwiebelwürfel darin bei mittlerer Hitze goldgelb anbraten, dann die Tomaten dazugeben. Salzen, pfeffern und zehn Minuten bei sanfter Hitze köcheln lassen. Vom Herd nehmen.
3. Schafskäse abgießen und in kleine Würfel schneiden. Die Nadeln des Rosmarins feinhacken und mit dem Käse mischen. Mit schwarzem Pfeffer würzen. Die Masse gleichmäßig auf die zwölf Blätter verteilen und diese zu flachen Päckchen falten.
4. Das restliche Olivenöl in einer Pfanne oder einem weiten Topf erhitzen, die Päckchen von oben und unten bei mittlerer Hitze anbraten. Die Tomatensauce angießen, Deckel aufsetzen und ca. 25 Minuten garen.
5. Dazu passt Reis oder Fladenbrot.

Weißkohlrouladen
mit Linsen, Porree und Sellerie

ZUBEREITUNG ca. 1 Std.
GARZEIT ca. 25 Min.

1 Weißkohl
Salz
weißer Pfeffer, frisch gemahlen
100 g rote Linsen
1 Stange Porree/Lauch
100 g Knollensellerie
2 EL Olivenöl
150 g Bergkäse oder ein anderer kräftiger Hartkäse
1 Ei
½ TL Sojasauce
¼ l Gemüsebrühe

1. Zwölf Weißkohlblätter ablösen, in Salzwasser blanchieren und trocknen, wie auf S. 19 f. beschrieben. Blattrippen flach schneiden und die Blätter auf einer Arbeitsplatte auslegen. Salzen und pfeffern.
2. Rote Linsen in Salzwasser etwa zehn Minuten garen. Sie sollten nicht ganz zerfallen. Abgießen.
3. Porree längs halbieren, die weißen und hellgrünen Teile der Stange in halbe Ringe schneiden und in einem Sieb abbrausen, abtropfen lassen.
4. Sellerie schälen und in kleine Würfel schneiden.
5. Den restlichen Weißkohl in feine Streifen schneiden, dabei den Strunk und die harten Blattrippen herausschneiden.
6. Olivenöl erhitzen, Selleriewürfel darin etwa fünf Minuten bei mittlerer Hitze anbraten. Porree und Weißkohlstreifen dazugeben und weitere drei Minuten braten. Linsen unterrühren und die Mischung abkühlen lassen.
7. Bergkäse reiben, 2 EL beiseite stellen.
8. Käse und Ei mit der Linsen-Gemüse-Mischung vermengen. Mit Sojasauce, Salz und Pfeffer würzen.
9. Backofen auf 200 °C vorheizen.
10. Je 1–2 TL Füllung auf ein Weißkohlblatt geben, zu einem Päckchen wickeln und in eine Auflaufform geben. Die Brühe angießen und im vorgeheizten Backofen auf der unteren Schiene 20 Minuten garen. Mit dem restlichen Käse bestreuen und noch fünf Minuten gratinieren. Dazu passt Bauernbrot.

Kleine Weißkohlröllchen
mit Linsen, Rosinen und Frischkäse

ZUBEREITUNG ca. 30 Min.
GARZEIT ca. 30 Min.

150 g Puylinsen oder eine andere kleine Linsensorte (z. B. Alblinsen)
1 Lorbeerblatt
16 Weißkohlblätter
Salz
weißer Pfeffer, frisch gemahlen
200 g braune Champignons
1 EL Butter
1 TL Ras el Hanout
50 g Rosinen
100 g Frischkäse, Doppelrahmstufe
½ l Gemüsebrühe

1. Linsen mit Lorbeerblatt und dreifacher Wassermenge ca. 20 Minuten vorkochen. Sie sollten noch etwas Biss haben. Linsen abgießen, Lorbeerblatt entfernen.
2. In der Zwischenzeit Weißkohlblätter in Salzwasser blanchieren und trocknen, wie auf S. 19 f. beschrieben. Blattrippen flach schneiden und die Blätter auf einer Arbeitsplatte auslegen. Salzen und pfeffern.
3. Champignons putzen und fein hacken. Butter zerlassen und Champignons darin bei mittlerer Hitze anbraten. Mit Salz und Pfeffer sowie Ras el Hanout würzen. Linsen und Rosinen dazugeben, Frischkäse einarbeiten, bis eine geschmeidige Masse entsteht.
4. Backofen auf 200 °C vorheizen.
5. Je einen Teelöffel Mischung auf ein Weißkohlblatt geben. Zu kleinen Rouladen aufrollen und mit einem Zahnstocher verschließen. In eine Auflaufform legen, mit heißer Brühe übergießen und Deckel auflegen.
6. Im vorgeheizten Backofen auf der unteren Schiene ca. 30 Minuten schmoren.
7. Dazu passt ein orientalischer Petersiliensalat mit Granatapfelkernen oder ein einfacher grüner Salat.

Vegane Variante:
Statt Frischkäse 80 g Mandeln über Nacht in Wasser einweichen. Am nächsten Tag nach Geschmack die braune Haut abziehen und die Mandeln mit ca. 40 ml frischem Wasser im Mixer pürieren. Das Mandelmus wie oben beschrieben in die Füllung einarbeiten.
Anstelle der Linsen grob zerdrückte, gegarte Kichererbsen in die Masse geben.

RAS EL HANOUT ist eine nordafrikanische Gewürzmischung, in der bis zu 25 Gewürze enthalten sind, darunter Muskatnuss, getrocknete Rosenknospen, Zimt, Macis, Gewürznelken, Paprikapulver, Schwarzkümmel und Kurkuma. Der Begriff bedeutet wörtlich übersetzt „Kopf des Ladens", weil die Zusammenstellung der komplexen Gewürzmischung meist Chefsache war.

Maschi kromb
Kleine ägyptische Weißkohlröllchen

ZUBEREITUNG ca. 40 Min.
GARZEIT ca. 30 Min.

1 Weißkohl
Salz
schwarzer Pfeffer, frisch gemahlen
200 g Bulgur (alternativ: Rundkornreis)
3 Fleischtomaten
1 Zwiebel
5 Knoblauchzehen
1 Bund glattblättrige Petersilie
1 Bund Dill
1 Bund Koriandergrün
2 EL Olivenöl
½ TL Kreuzkümmelpulver (Cumin)
Chilipulver nach Geschmack
500 ml Gemüsebrühe
2 Limetten, Saft (alternativ: Zitronen)
1 EL Tomatenmark

1. Zwölf Kohlblätter ablösen, in Salzwasser blanchieren und trocknen, wie auf S. 19 f. beschrieben. Blattrippen flach schneiden, Blätter halbieren und auf einer Arbeitsplatte auslegen. Salzen und pfeffern. Die herausgeschnittenen Blattrippen feinwürfeln.
2. Bulgur etwa sechs Minuten in der zweieinhalbfachen Menge Salzwasser kochen. Den Topf vom Herd ziehen und den Bulgur ausquellen lassen. Rundkornreis benötigt etwa 20 Minuten Kochzeit.
3. Tomaten am Blütenansatz kreuzweise einschneiden. Mit heißem Wasser überbrühen, Schale abziehen und Stielansatz jeweils entfernen. Tomaten vierteln, die Kerne herausschneiden und den Rest hacken.
4. Zwiebel schälen und in feine Würfel schneiden.
5. Knoblauchzehen schälen. Drei Zehen fein würfeln und beiseite stellen, zwei Zehen in Stifte schneiden.
6. Kräuter abbrausen, trocken schütteln und mitsamt Stängeln fein hacken.
7. Olivenöl erhitzen und Zwiebelwürfel darin bei mittlerer Hitze goldgelb anbraten, dann den Knoblauch dazugeben. Abkühlen lassen.
8. Bulgur, Tomatenwürfel, Zwiebel, Knoblauchwürfel, Petersilie, Dill und Koriander mischen. Mit Salz, Pfeffer, Kreuzkümmel und Chili abschmecken.
9. Jeweils einen Teelöffel der Füllung auf ein halbes Kohlblatt geben und zu einer schmalen Rolle aufrollen, ohne die Enden einzuschlagen.
10. Den restlichen Kohl hacken und mit den gewürfelten Blattrippen in einen schweren Topf geben. Die Kohlröllchen dicht an dicht in den Topf geben (evtl. auch in mehreren Lagen), dazwischen die Knoblauchstifte stecken.
11. Gemüsebrühe mit Limettensaft mischen, Tomatenmark einrühren, mit Salz, Pfeffer, Kreuzkümmel und Chili abschmecken. Flüssigkeit über die Kohlröllchen geben. Aufkochen und bei sanfter Hitze 30 Minuten abgedeckt köcheln lassen. Dazu passt Fladenbrot.

In Frankreich werden unter dem Namen Chou farci große, mit Hackfleisch gefüllte Kohlpakete hergestellt, die gut verschnürt in einem feuerfesten Topf im Backofen garen. Das Kohlpaket wird dann, ähnlich wie eine Torte, zum Servieren in Stücke geschnitten. Dieses Rezept ist die vegetarische Adaption des Klassikers von der Côte d'Azur.

Kohlrouladen mit vegetarischer Füllung

Chou farci

Vegetarisches Rotkohlpaket mit Steinpilzen und Tomatensauce

ZUBEREITUNG ca. 50 Min.
RUHEZEIT 1 Std.
GARZEIT ca. 1 Std.

15 g getrocknete Steinpilze
100 ml Gemüsebrühe
1 Rotkohl
Salz
1 EL Essig
150 g roter Reis aus der Camargue
　(alternativ: Wildreis)
150 g Cashewkerne
150 g Steinpilze oder braune
　Champignons
3 Zwiebeln
2 Knoblauchzehen
6 EL Butter oder vegane Margarine
schwarzer Pfeffer, frisch gemahlen
2 Zitronen, Saft
400 g Tomaten in Stücken
　(alternativ: Pizzatomaten)
½ TL getrockneter Oregano

1. Getrocknete Steinpilze mit der heißen Gemüsebrühe übergießen und ca. 60 Min. darin einweichen.
2. Vom Rotkohl etwa 10–15 Blätter ablösen und in kochendem Salzwasser mit Essig etwa fünf Minuten vorgaren. Aus dem Wasser nehmen, trocknen und die dicken Blattrippen etwas flachschneiden. In einem feuerfesten Topf Küchengarn auslegen, so dass sich später ein großes Päckchen schnüren lässt. Die Kohlblätter überlappend im Topf auslegen.
3. Für die Füllung den restlichen Kohl in feine Streifen schneiden, vorher die dicken Blattrippen und den Strunk entfernen.
4. Reis in Salzwasser nach Packungsanleitung gar kochen.
5. Währenddessen Cashews ohne Fett in einer Pfanne anrösten. Abkühlen lassen und hacken. Pilze putzen und in Würfel schneiden. Zwiebeln und Knoblauch schälen, beides fein hacken. Zwei Drittel der Zwiebeln und die Hälfte des Knoblauchs beiseite stellen. Die ausgedrückten eingeweichten Steinpilze ebenfalls klein hacken.
6. 1 EL Butter in einem größeren Topf zerlassen. Ein Drittel der Zwiebel- und die Hälfte der Knoblauchwürfel bei mittlerer Hitze darin anschwitzen. Rotkohlstreifen, Cashews, frische und getrocknete Pilze dazugeben und fünf Minuten bei starker Hitze mitbraten. Einweichflüssigkeit der Pilze durch ein Sieb zum Gemüse abgießen und rasch einkochen lassen. Gemüse mit Reis mischen, mit Salz und Pfeffer abschmecken. Etwa ein Drittel der Masse pürieren und untermischen.
7. Backofen auf 180 °C vorheizen.
8. Die Füllung auf die ausgelegten Rotkohlblätter geben. Diese mit Hilfe des Küchengarns zu einem Paket verschnüren.
9. 2 EL Butter zerlassen. Mit Zitronensaft mischen und das Kohlpaket damit beträufeln. Im vorgeheizten Backofen 60 Minuten auf der unteren Schiene garen.
10. In der Zwischenzeit die Tomatensauce herstellen: Restliche Butter zerlassen und übrige Zwiebel- und Knoblauchwürfel darin bei mittlerer Hitze anschwitzen. Tomaten dazugeben, Deckel auflegen und zehn Minuten bei sanfter Hitze köcheln. Mit Salz, Pfeffer und Oregano abschmecken.
11. Küchengarn aufschneiden und das Kohlpaket vorsichtig auf einen großen Teller stürzen. Fäden entfernen und das Paket in Tortenstücke schneiden.
12. Mit der Tomatensauce servieren. Dazu passt knuspriges Baguette.

Herbstliche Rotkohlrouladen mit Maronen

VORBEREITUNG ca. 45 Min.
ZUBEREITUNG ca. 40 Min.
GARZEIT ca. 40 Min.

300 g frische Esskastanien/Maronen (alternativ: 250 g gekocht und vakuumiert)
1 Rotkohl
1 EL Essig
Salz
schwarzer Pfeffer, frisch gemahlen
1 TL Koriandersamen
5 Pimentkörner
1 Zimtstange
3 Gewürznelken
1 TL schwarze Pfefferkörner
2 Zwiebeln
3 EL Sonnenblumenöl
100 g Preiselbeeren aus dem Glas
150 ml Gemüsebrühe
150 ml Holundersaft
dunkler Saucenbinder nach Bedarf

1. Backofen auf 220 °C vorheizen.
2. Frische Esskastanien kreuzweise mit einem scharfen Messer einschneiden. Auf ein Backblech geben und im Ofen auf der zweiten Schiene von oben 15–20 Minuten rösten, bis sich die Schale nach außen biegt. Kastanien aus dem Ofen nehmen, etwas abkühlen lassen. Die äußere Schale mit einem scharfen Messer abziehen und das innere Häutchen entfernen. Maronen halbieren.
3. Acht Rotkohlblätter ablösen, in Salzwasser mit Essig blanchieren und trocknen, wie auf S. 19 f. beschrieben. Blattrippen flach schneiden und je zwei Blätter übereinander auf einer Arbeitsplatte auslegen. Salzen und pfeffern.
4. Restlichen Rotkohl in feine Streifen schneiden, Strunk und dicke Blattrippen dabei entfernen.
5. Koriandersamen grob zerstoßen, Pimentkörner andrücken, Zimtstange in Stücke brechen. Mit Nelken und Pfeffer in eine Gewürzkugel oder einen Teebeutel aus Papier geben und diesen zubinden.
6. Zwiebeln schälen und in Würfel schneiden. 1 EL Öl in einer großen Pfanne mit hohem Rand oder in einem größeren Topf erhitzen. Zwiebelwürfel darin bei mittlerer Hitze hellbraun anschwitzen. Rotkohlstreifen, halbierte Maronen und Preiselbeeren dazugeben, ca. 100 ml Wasser auffüllen und mit den Gewürzen etwa 15 Minuten ohne Deckel köcheln. Die Flüssigkeit sollte dabei verdampfen. Gewürzkugel entfernen und das Gemüse mit Salz und Pfeffer abschmecken.
7. Je ein Viertel der Mischung auf zwei Rotkohlblätter geben. Aufrollen und mit einem Zahnstocher oder Küchengarn fixieren. Restliches Öl erhitzen, Rouladen darin rundum anbraten. Brühe und Saft angießen, bei sanfter Hitze 40 Minuten schmoren.
8. Nach Bedarf den Sud mit etwas Saucenbinder andicken. Dazu passt Kartoffelstampf.

Spitzkohlröllchen
mit Meerrettich-Frischkäse und Sonnenblumenkernen

ZUBEREITUNG ca. 1 Std.
GARZEIT ca. 25 Min.

1 großer Spitzkohl
Salz
weißer Pfeffer, frisch gemahlen
30 g Sonnenblumenkerne
3 EL Rapsöl
½ Bund Schnittlauch
200 g Meerrettich-Frischkäse
1 Ei
4 EL Paniermehl (Semmelbrösel)
250 ml Gemüsebrühe
5 EL Schmand
heller Saucenbinder nach Bedarf

1. 16 Spitzkohlblätter in Salzwasser blanchieren und trocknen wie auf S. 19 f. beschrieben. Die Blattrippen flach schneiden und die Blätter auf einer Arbeitsplatte ausbreiten. Salzen und pfeffern.
2. Sonnenblumenkerne in einer Pfanne ohne Fett anrösten, bis sie duften. Auf einem Teller abkühlen lassen, dann grob hacken.
3. Übrigen Spitzkohl in feine Streifen schneiden, dabei den Strunk und die dicken Blattrippen entfernen. 1 EL Öl erhitzen und die Spitzkohlstreifen bei mittlerer Hitze darin anbraten. Mit Salz und Pfeffer würzen. Abkühlen lassen.
4. Schnittlauch abbrausen und in Röllchen schneiden.
5. Frischkäse, Ei, Paniermehl, die Hälfte des Schnittlauchs, Spitzkohl und Sonnenblumenkerne zu einer gleichmäßigen Masse vermengen. Mit Salz und Pfeffer abschmecken.
6. Jeweils 1 EL Füllung auf ein Spitzkohlblatt geben und einrollen. Mit einem Zahnstocher feststecken.
7. Restliches Öl erhitzen, die Röllchen bei mittlerer Hitze darin hellbraun anbraten, mit Brühe aufgießen, aufkochen, Deckel aufsetzen und 15 Minuten bei sanfter Hitze garen.
8. Röllchen aus dem Topf heben und im Backofen bei 100 °C warmstellen.
9. Schmorflüssigkeit aufkochen, Schmand einrühren und mit Saucenbinder andicken. Röllchen mit der Sauce servieren, mit dem restlichen Schnittlauch bestreuen. Dazu passt Reis.

Panierte Spitzkohlpäckchen
mit Tomaten-Ricotta-Füllung

ZUBEREITUNG ca. 30 Min.
GARZEIT ca. 10 Min.

16 Spitzkohlblätter
Salz
schwarzer Pfeffer, frisch gemahlen
1 EL Pinienkerne
50 g in Öl eingelegte getrocknete Tomaten
100 g Ricotta
2 EL Parmesan, gerieben (alternativ: Hartkäse aus mikrobiellem Lab)
1 Ei
3 EL Mehl
50 g Paniermehl (Semmelbrösel)
3 EL Butter

1. Spitzkohlblätter in Salzwasser fünf Minuten blanchieren und trocknen, wie auf S. 19 f. beschrieben. Blattrippen flach schneiden und die Blätter auf einer Arbeitsplatte auslegen. Salzen und pfeffern.
2. Pinienkerne in einer Pfanne ohne Fett hellbraun rösten, dann grob hacken.
3. Getrocknete Tomaten etwas abtropfen lassen, feinhacken und mit Ricotta, Pinienkernen und geriebenem Käse vermischen. Mit Salz und Pfeffer abschmecken.
4. Je einen Esslöffel der Masse auf ein Blatt geben. Zu einem Päckchen falten und mit einem Zahnstocher verschließen.
5. Ei mit etwas Salz und Pfeffer verquirlen. Päckchen zunächst in Mehl, dann in Ei und abschließend in Semmelbröseln wenden.
6. Butter in einer Pfanne erhitzen und Päckchen darin von allen Seiten bei mittlerer Hitze hellbraun anbraten. Hitze reduzieren, Deckel auflegen und fünf Minuten fertiggaren.
7. Dazu passt ein grüner Salat, aber auch ein Tomatensalat.

PARMESAN ist ein italienischer Hartkäse mit geschützter Herkunftsbezeichnung. Der Parmigiano Reggiano wird nun in bestimmten Regionen Italiens hergestellt. Aus 16 Litern Milch von natürlich gefütterten Kühen gewinnt man etwa ein Kilogramm Käse mit dem typischen Geschmack. Italienische Hartkäse-Alternativen sind Pecorino oder Grana Padano. Jedoch sind alle diese Käsesorten nicht vegetarisch, da zu ihrer Herstellung Kälberlab benötigt wird. Wer sich also rein vegetarisch ernähren möchte, nimmt als Ersatz würzige Hartkäse, die mit mikrobiellem Lab hergestellt werden und entsprechend gekennzeichnet sind.

120 Kohlrouladen mit vegetarischer Füllung

Cavolo nero
mit Bohnen-Ricotta-Füllung auf Tomatenragout

VORBEREITUNG 1 Std.
ZUBEREITUNG ca. 40 Min.
GARZEIT ca. 45 Min.

500 g Datteltomaten
4 Knoblauchzehen
2 EL Olivenöl
Salz
schwarzer Pfeffer, frisch gemahlen
½ TL brauner Zucker
12 Schwarzkohlblätter (Cavolo nero)
50 g Parmesan (alternativ: Hartkäse aus mikrobiellem Lab, siehe Seite 119)
100 g Pinienkerne
½ Bund Petersilie
½ Bund Basilikum
2 Zweige frischer Thymian
200 g gekochte weiße Bohnen aus dem Glas (Abtropfgewicht)
250 g Ricotta
½ l Gemüsebrühe

1. Backofen auf 100 °C vorheizen.
2. Datteltomaten waschen und längs halbieren, Stielansatz entfernen. Knoblauch schälen, zwei Zehen in feine Scheiben schneiden.
3. Ein Backblech mit Olivenöl bestreichen, mit Salz und Pfeffer sowie braunem Zucker und den Knoblauchscheiben bestreuen. Tomaten mit der Schnittseite nach unten auf das Blech legen. Auf der zweiten Schiene von unten 60 Minuten garen.
4. Tomaten aus dem Ofen nehmen und beiseite stellen.
5. Schwarzkohlblätter in Salzwasser fünf Minuten blanchieren und trocknen, wie auf S. 19 f. beschrieben. Blattrippen flach schneiden und die Blätter auf einer Arbeitsplatte auslegen. Den unteren Blattansatz abschneiden und fein würfeln. Blätter salzen und pfeffern.
6. Käse reiben. Pinienkerne ohne Fett in einer Pfanne hellbraun anrösten. Restlichen Knoblauch mit etwas Salz mithilfe einer Gabel zerdrücken.
7. Kräuter abbrausen und trocken schütteln. Petersilie und Basilikum mitsamt Stängeln fein hacken. Thymianblättchen von den Zweigen zupfen.
8. Backofen auf 180 °C vorheizen.
9. Bohnen abgießen und pürieren. Mit Kräutern, Ricotta, Parmesan, Knoblauch, Pinienkernen und feingehackten Kohlstielen zu einer gleichmäßigen Masse verarbeiten. Mit Salz und Pfeffer abschmecken.
10. Jeweils etwas Füllung auf ein Kohlblatt geben. Die Seiten einschlagen und die Blätter aufrollen. Mit Küchengarn fixieren.
11. Die Röllchen dicht an dicht in einen Bräter legen, mit Brühe aufgießen und etwa 45 Minuten abgedeckt auf der zweiten Schiene von unten schmoren. Fünf Minuten vor Ende der Garzeit nochmals das Blech mit den Tomaten einschieben.
12. Die Röllchen auf lauwarmem Tomatenragout servieren. Dazu passt italienisches Weißbrot oder Focaccia.

Cavolo nero
mit Kartoffel-Zucchini-Füllung

ZUBEREITUNG ca. 40 Min.
GARZEIT ca. 45 Min.

12 Schwarzkohlblätter (Cavolo nero)
Salz
schwarzer Pfeffer, frisch gemahlen
50 g Pinienkerne
250 g mehlig kochende Kartoffeln
250 g Zucchini
12 halbgetrocknete Tomaten in Öl
½ Bio-Zitrone, Schalenabrieb
250 ml Gemüsebrühe
50 g Pecorino, frisch gerieben (alternativ: Hartkäse aus mikrobiellem Lab, siehe Seite 119)

1. Cavolo nero-Blätter in Salzwasser drei Minuten blanchieren und trocknen, wie auf S. 19 f. beschrieben. Dicke Blattrippen flach schneiden und die Blätter auf einer Arbeitsplatte auslegen, unteren Blattansatz abschneiden und fein würfeln. Salzen und pfeffern.
2. Pinienkerne in einer Pfanne ohne Fett goldbraun rösten und auf einem Teller abkühlen lassen.
3. Kartoffeln mit Schale in Wasser garkochen. Abgießen und etwas ausdampfen lassen. Kartoffeln pellen und mit einer Gabel zerdrücken.
4. In der Zwischenzeit Zucchini raspeln und leicht gesalzen in einem Sieb abtropfen lassen (siehe Tipp Seite 137).
5. Zucchiniraspeln mit den Kartoffeln mischen. Feingewürfelte Blattstiele und Zitronenschale einarbeiten.
6. Tomaten abtropfen lassen, das Öl auffangen.
7. Backofen auf 180 °C vorheizen.
8. Jeweils etwas Füllung auf ein Blatt geben. Mit einer Tomate belegen und mit Pinienkernen bestreuen. Blätter aufrollen und die Röllchen in eine Auflaufform setzen. Mit dem aufgefangenen Öl beträufeln, mit Gemüsebrühe begießen und mit Pecorino bestreuen.
9. Im vorgeheizten Ofen 45 Minuten auf der zweiten Schiene von unten garen.
10. Dazu passt toskanisches Weißbrot oder Ciabatta.

Chinakohlpäckchen
mit Kartoffel-Porree-Füllung und Seidentofu

RUHEZEIT 8 Std. oder über Nacht
ZUBEREITUNG ca. 50 Min.
GARZEIT ca. 10 Min.

150 g Magerquark
300 ml Möhrensaft
8 Chinakohlblätter
100 g mehlig kochende Kartoffeln
1 Stange Porree/Lauch
750 ml Gemüsebrühe
100 g eingelegte, gebratene Gemüsepaprikas
½ Bund Schnittlauch
100 g Seidentofu
Salz
weißer Pfeffer, frisch gemahlen

1. Magerquark in einem mit einem seifenfreien Küchentuch ausgelegten Sieb über Nacht abtropfen lassen und etwas ausdrücken.
2. Möhrensaft in einen kleinen Topf geben und auf etwa 100 ml sirupartig einkochen.
3. Währenddessen den Chinakohls längs halbieren, den Strunk entfernen und acht Blätter ablösen. Die abgelösten Blätter mit einem Küchentuch bedecken und flach klopfen. Restliche Blätter in feine Streifen schneiden.
4. Kartoffeln schälen und in feine Würfel schneiden. Porree putzen und den hellen Teil in Ringe schneiden. Dunkelgrüne Blätter anderweitig verwenden. Gemüsebrühe zum Kochen bringen, Kartoffeln darin garen. Mit einem Schaumlöffel herausheben und mit einer Gabel zerdrücken.
5. Porree und Chinakohlstreifen in die Gemüsebrühe geben und garen. Abgießen und zu den Kartoffeln geben. Brühe dabei auffangen.
6. Paprika abtropfen lassen und fein würfeln. Kartoffeln, Porree, Paprika und Quark mischen, kräftig mit Salz und Pfeffer würzen.
7. Schnittlauch abbrausen und in feine Röllchen schneiden.
8. Chinakohlblätter in der Brühe drei Minuten blanchieren. Abtropfen lassen. Jeweils etwas Füllung auf ein Blatt geben, einrollen und mit einem Holzspieß feststecken. Die Röllchen in der kochenden Brühe etwa zehn Minuten garen. Mit dem Schaumlöffel herausnehmen und im Backofen bei 100 °C warmstellen. Seidentofu in die Brühe geben und mit einem Stabmixer oder im Blender pürieren.
9. Sauce auf einen Teller geben, die Chinakohlröllchen darauf servieren. Mit Möhrensirup beträufeln, Schnittlauchröllchen darauf streuen. Mit Ciabatta oder Reis servieren.

Kleine Chinakohlrouladen in Kokosmilch

ZUBEREITUNG ca. 40 Min.
GARZEIT ca. 15 Min.

60 g Glasnudeln
1 Chinakohl
1 Knoblauchzehe
40 g frischer Ingwer
1 rote Chilischote nach Geschmack
1 Bund Frühlingszwiebeln
1 rote Gemüsepaprika
1 gelbe Gemüsepaprika
100 g Sojasprossen (Mungbohnensprossen)
5 EL Erdnussöl
6 EL Sojasauce
2 EL Limettensaft
400 ml Kokosmilch
100 ml Wasser

1. Nudeln etwa zehn Minuten in kaltem Wasser einweichen und in 2–3 cm lange Stücke schneiden.
2. In der Zwischenzeit den Chinakohl längs halbieren und den Strunk entfernen.
3. 16 Blätter ablösen, mit einem seifenfreien Küchentuch bedecken und flach klopfen. Den Rest in feine Streifen schneiden.
4. Knoblauch schälen und mit einer Gabel und etwas Salz zerdrücken oder durch eine Knoblauchpresse drücken. Ingwer schälen (siehe Tipp Seite 99) und fein reiben. Chilischote längs halbieren, Kerne entfernen und Chilihälften fein hacken. Frühlingszwiebeln putzen und in Ringe schneiden. Paprikas halbieren, entkernen und fein würfeln. Sojasprossen überbrausen und abtropfen lassen.
5. 1 EL Öl in einem Wok oder einer hohen Pfanne erhitzen. Ingwer, Chili und Knoblauch bei mittlerer Hitze anbraten, dann ein Drittel davon beiseite stellen. Kohlstreifen, Gemüsepaprikas und Frühlingszwiebeln zur verbliebenen Knoblauchmischung geben und drei Minuten unter Rühren bei starker Hitze anbraten. Nudeln und Sojasprossen einrühren, Hitze etwas reduzieren und zwei Minuten weiterbraten. Mit 3–4 EL Sojasauce und Limettensaft abschmecken. Abkühlen lassen.
6. Jeweils einen Esslöffel Füllung auf ein Chinakohlblatt legen. Dieses einrollen und in ein zweites Blatt rollen. Mit Küchengarn verschnüren.
7. Restliches Öl erhitzen und Chinakohlrouladen darin rundum bei mittlerer Hitze anbraten. Kokosmilch mit Wasser angießen und aufkochen. Beiseite gelegte Knoblauchmischung dazugeben, Deckel auflegen und die Röllchen etwa 15 Minuten bei sanfter Hitze köcheln.
8. Mit Sojasauce und etwas Limettensaft abschmecken. Dazu passt Reis.

Rouladen
mit Mangold, Salat und Weinblättern

Die gute Küche ist das innigste Band der Gesellschaft.

Marquis de Vauvenargues

Capuns
Mangoldwickel aus Graubünden

Dieses traditionelle Gericht aus Graubünden wird dort als Vorspeise serviert. Das Innere besteht aus einem Mehl-Milch-Teig, den Süddeutsche als Spätzleteig kennen, der aber mit den Graubündner Spezialitäten Salsiz, einer luftgetrockneten Salami, und Bündner Fleisch, einem mageren, luftgetrockneten Schinken aus gepökeltem Rindfleisch, angereichert wird.

4 PORTIONEN als Vorspeise

RUHEZEIT 30 Min.
ZUBEREITUNG ca. 50 Min.
GARZEIT ca. 15 Min.

ca. 20 möglichst große Mangoldblätter
2 Eier
50 ml Milch, 50 ml Wasser, Salz
weißer Pfeffer, frisch gemahlen
1 Msp Muskatnuss, frisch gerieben
ca. 200 g Weizenmehl, Type 405, oder doppelgriffiges Weizenmehl
1 kleine Zwiebel
100 g Salsiz oder eine andere, luftgetrocknete Salami
75 g Bündner Fleisch (alternativ: Rinderschinken oder Rauchfleisch)
1 EL Butter
½ l Fleischbrühe
50 g Sbrinz oder Bergkäse

TIPPS *In einigen Gegenden wird die heiße Fleischbrühe mit Milch oder Sahne gemischt.
Capuns noch mit kleinen, kross ausgebratenen Speckwürfeln bestreuen.
Oder in der Pfanne knusprig gebratene Zwiebelringe darüber streuen.
Übrige Füllung mit etwas Milch verdünnen und als Pfannkuchen ausbacken.*

1. Von den Mangoldblättern die Stiele abschneiden und beiseite legen. Die Stiele können später für ein Beilagengemüse oder in einer Quiche verwendet werden. Die Blätter entlang der Mittelrippe halbieren. In einem großen Topf mit reichlich Salzwasser etwa zehn Sekunden blanchieren, danach sofort in Eiswasser abschrecken. Auf seifenfreien Küchentüchern trocknen lassen. Die Blattrippen flachschneiden.
2. Eier, Milch und Wasser mit Salz, Pfeffer und Muskatnuss glatt rühren. Mehl nach und nach unter Rühren dazugeben, bis ein zäher Teig entsteht, der Blasen schlägt. Im Kühlschrank 30 Minuten ruhen lassen.
3. Zwiebel schälen und in feine Würfel schneiden. Pelle von der Salsiz entfernen. Bündner Fleisch und Salsiz klein würfeln.
4. Butter in einer hohen, backofengeeigneten Pfanne zerlassen. Zwiebelwürfel darin anschwitzen, dann Salsiz und Bündner Fleisch hinzufügen und bei mittlerer Hitze anbraten. Aus der Pfanne heben und abkühlen lassen. Mit dem Teig aus dem Kühlschrank vermischen. Das Fett in der Pfanne belassen; darin werden später die Capuns angebraten.
5. Backofen auf 200 °C vorheizen.
6. Je einen Teelöffel von der Füllung auf ein Mangoldblatt geben, einschlagen und zu kleinen Päckchen rollen. Fett in der Pfanne auf mittlere Temperatur erhitzen. Päckchen mit der Nahtseite nach unten in die Pfanne legen und sofort mit heißer Fleischbrühe aufgießen. Etwa acht Minuten bei sanfter Hitze darin ziehen lassen.
7. Käse reiben und über die Capuns streuen. Im vorgeheizten Backofen noch ein paar Minuten überbacken, bis der Käse schön goldbraun und zerlaufen ist.

Lachs in Mangold

ZUBEREITUNG ca. 45 Min.
GARZEIT ca. 15 Min.

500 g Mangold (mit möglichst großen Blättern)
Salz
4 Tomaten
1 Schalotte
weißer Pfeffer, frisch gemahlen
4 Lachsfilets (à 80–100 g)
1 Limette, frisch gepresster Saft (alternativ: Zitrone)
½ l Gemüsebrühe
200 ml Sahne/Rahm
2 Zwiebeln
1 Knoblauchzehe
1 EL Butter
100 ml trockener Weißwein

1. Vom Mangold die weißen Stiele abschneiden und beiseite legen. Die grünen Blätter in Salzwasser drei Minuten blanchieren. Abtrocknen und auf einer Arbeitsplatte auslegen. Es sollten mindestens acht Blätter sein.
2. Tomaten vierteln, Stielansatz und Kerne entfernen. Tomatenviertel in Würfel schneiden. Schalotte schälen und in kleine Würfel schneiden, mit den Tomaten mischen, salzen und pfeffern.
3. Backofen auf 160 °C vorheizen.
4. Je ein Stück Lachs auf ein Mangoldblatt legen. Mit Limettensaft beträufeln, salzen und pfeffern. Ein Viertel der Tomatenwürfel auf den Lachs geben. Nun den Fisch mit den Tomaten fest in das Blatt einwickeln, ein zweites Blatt darum wickeln. Mit Küchengarn fixieren und in eine Auflaufform legen. Mit Brühe und Sahne begießen. Auflaufform abgedeckt für 12–15 Minuten auf der zweiten Schiene von unten in den Backofen schieben.
5. Währenddessen die Mangoldstiele für das Beilagengemüse in schmale Streifen schneiden. Zwiebeln und Knoblauch schälen und in feine Würfel schneiden. Butter zerlassen. Zwiebeln und Knoblauch bei mittlerer Hitze anbraten, dann die Mangoldstücke dazugeben und kurz mitbraten. Salzen, pfeffern und mit Wein ablöschen. Bei sanfter Hitze etwa zehn Minuten garen.
6. Mangoldpäckchen aus der Form heben, Flüssigkeit in einen Topf abgießen und die Backofentemperatur auf 100 °C reduzieren. Mangoldpäckchen in der Form im Ofen warmstellen. Garflüssigkeit einkochen, bis eine sämige Sauce entstanden ist.
7. Mangoldpäckchen mit dem Gemüse und der Sauce servieren. Dazu passt Kartoffelpüree.

Mangoldröllchen
auf Limettensauce

4 PORTIONEN als Vorspeise

ZUBEREITUNG ca. 1 Std.
GARZEIT ca. 10 Min.

25 g Pinienkerne
8 große Mangoldblätter (alternativ: großblättrige Spinatsorte, z.B. „Frühes Riesenblatt")
2 Zwiebeln
2 EL Olivenöl
50 g Langkornreis
100 ml Gemüsebrühe
25 g Rosinen oder Sultaninen
1 Zweig frische Minze
½ TL Honig
Salz
schwarzer Pfeffer, frisch gemahlen
100 ml trockener Weißwein
2 EL Limettensaft
1 Prise Zucker
1 EL Mehl
75 g Feta (siehe Seite 61)
100 g Crème fraîche

1. Pinienkerne in einer Pfanne ohne Fett rösten, bis sie duften. Dann auf einem Teller abkühlen lassen.
2. Mangoldblätter waschen, quer halbieren (ganz große Blätter dritteln). Dicke Stiele abschneiden und fein würfeln.
3. Zwiebeln schälen und in feine Würfel schneiden. Die Hälfte beiseite stellen. 1 EL Olivenöl erhitzen, Zwiebeln darin goldgelb anbraten, dann die gewürfelten Mangoldstiele dazugeben. Reis hinzufügen, mit Gemüsebrühe aufgießen und köcheln lassen, bis der Reis gar ist. Abgießen, mit den Rosinen und Pinienkernen mischen.
4. Minze abbrausen und trocken schütteln, die Blätter abzupfen und feinhacken (ca. 2 EL). Mit dem Honig zum Reis geben und vermengen. Mit Salz und Pfeffer abschmecken.
5. Mangoldblätter in Salzwasser zwei Minuten blanchieren, abtropfen lassen. Die Reismischung gleichmäßig auf den Blättern verteilen und kleine Röllchen aufwickeln. Mit Holzspießen zustecken oder mit Küchengarn fixieren.
6. Weißwein mit Limettensaft aufkochen, salzen und die Röllchen vorsichtig hineinlegen. Zehn Minuten bei sanfter Hitze garen, evtl. wenden. Aus dem Sud heben und im Backofen bei 100 °C warmstellen.
7. Restliches Olivenöl erhitzen und die restlichen Zwiebelwürfel bei mittlerer Hitze goldgelb darin anbraten. Zucker dazugeben und mit 1 EL Mehl bestäuben. Kurz anschwitzen, dann mit etwas Kochflüssigkeit der Röllchen ablöschen. Feta zerkrümeln und einrühren, Crème fraîche unterziehen, nach Wunsch mit etwas Limettensaft abschmecken.
8. Mangoldröllchen mit der Sauce servieren. Dazu passen Baguette oder Ciabatta.

132 Rouladen mit Mangold, Salat und Weinblättern

Trung trang
Vietnamesische Omeletts im Salatblatt

4 PORTIONEN als Vorspeise

ZUBEREITUNG ca. 50 Min.

1 Kopfsalat
40 g Glasnudeln
1 rote Gemüsepaprika
1 gelbe Gemüsepaprika
1 Möhre
1 Schalotte
1–2 rote Chilischoten nach Geschmack
25 g Macadamia-Nusskerne
20 g frischer Ingwer
½ Bund Koriandergrün
2 TL vietnamesische Fischsauce Nuoc mam (alternativ: Nam Pla – thailändische Fischsauce; aus dem Asialaden)
3 EL Erdnussöl
Salz
weißer Pfeffer, frisch gemahlen
4 Eier
3 EL Mineralwasser mit Kohlensäure
8 Schnittlauchhalme
süße Chilisauce

1. Vom Kopfsalat große Blätter ablösen, waschen, trocknen und harte Blattrippen flach schneiden.
2. Glasnudeln in Salzwasser einweichen. Herausheben und mit einer Schere in kleine Stücke schneiden.
3. Paprikas halbieren, waschen, Kerngehäuse und weiße Trennwände entfernen. Paprikahälften in kleine Würfel schneiden.
4. Möhre schälen oder mit einer Gemüsebürste säubern und in feine Streifen (Julienne) schneiden. Schalotte schälen und fein hacken.
5. Chilis längs halbieren, entkernen und fein hacken. Nüsse ebenfalls hacken. Ingwer schälen (s. Tipp S. 99) und reiben. Koriander abbrausen, trocken schütteln und die Blätter feinhacken.
6. Nudeln, Paprikawürfel, Ingwer, Schalotte, Möhre, Nüsse, 2 EL Koriandergrün, Fischsauce und 1 TL Erdnussöl mischen. Mit Salz und Pfeffer würzen.
7. Eier mit Mineralwasser und etwas Salz und Pfeffer aufschlagen. Restliches Öl in einer kleinen, beschichteten Pfanne (20 cm ∅) erhitzen. Bei mittlerer Hitze vier sehr dünne Omeletts darin ausbacken. Mit jeweils einem Viertel der Gemüsemischung belegen und mit dem restlichen Koriander bestreuen.
8. Omeletts mithilfe eines Salatblatts einrollen, jeweils mit einem Schnittlauchhalm verschließen.
9. Süße Chilisauce dazu reichen.

Variante für die Hülle
Auch die milden Blätter der Gemüsemalve können für kleine Rouladen verwendet werden. Blanchiert eignen sie sich für die Rezepte auf dieser und den folgenden Seiten als Ersatz für die Salatblätter.

Nem cuon tom
Vietnamesische Sommerrollen mit Garnelen

Sommerrollen werden, wie Frühlingsrollen, in Reispapier gewickelt, aber nicht frittiert. Sie eignen sich hervorragend als kalte Vorspeise. Ein besonderes Vergnügen ist es, wenn jeder am Tisch die Füllung nach Gusto selber einrollen kann.

4 PORTIONEN als Vorspeise

ZUBEREITUNG ca. 30 Min.
ABKÜHLZEIT ca. 20 Min.

100 g Reisnudeln
1 EL Erdnussöl
10 Garnelen, geschält und entdarmt
1 TL vietnamesische Fischsauce Nuoc mam (alternativ: Nam Pla – thailändische Fischsauce; aus dem Asialaden)
1 Prise Zucker
1 große Möhre
½ Salatgurke
100 g Sojasprossen (Mungbohnensprossen)
3 Frühlingszwiebeln
1 Kopf Bataviasalat
½ Bund Koriandergrün
½ Bund frische Minze
rundes Reispapier, Ø 25 cm (aus dem Asialaden)
4 EL Hoisin-Sauce (aus dem Asialaden)
4 EL Sojasauce
2 EL cremige Erdnussbutter

1. Nudeln mit kochendem Wasser übergießen. Sobald sie weich sind, das Wasser abgießen und Nudeln beiseite stellen.
2. Öl in einer kleinen Pfanne erhitzen, die Garnelen bei mittlerer Hitze darin anbraten. Fischsauce und Zucker dazugeben, Hitze erhöhen und die Flüssigkeit verdampfen lassen. Garnelen abkühlen lassen und längs halbieren.
3. Möhre abbürsten und grob raffeln, Salatgurke schälen, halbieren, die Kerne mit einem Teelöffel entfernen und die Gurkenhälften in feine Würfel schneiden. Sojasprossen heiß abspülen und abtropfen lassen. Frühlingszwiebeln putzen und in feine Ringe schneiden.
4. Salat waschen, trocken schleudern und in größere Stücke zupfen.
5. Koriandergrün und Minze abbrausen, beides trocken schütteln. Blätter von den Stängeln zupfen und grob hacken.
6. Eine Schüssel mit handwarmem Wasser neben die Arbeitsplatte stellen. Jedes Reispapier einmal durch das Wasser ziehen, dann auf die Arbeitsplatte legen. Zunächst mit Salat, dann mit den restlichen Zutaten belegen. Reispapier an den Seiten einschlagen und von unten fest aufrollen.
7. Für den Dip Hoisin-Sauce, Sojasauce und Erdnussbutter verrühren und in kleinen Schälchen separat dazu reichen.

Variation: Sommerrollen mit Mango oder Schweinebauch
Die Sommerrollen lassen sich vielfältig variieren. So können die Garnelen durch gekochten und in dünne Streifen geschnittenen Schweinebauch ersetzt oder ergänzt werden. Statt Möhre und Gurke eine in Streifen geschnittene reife Mango verwenden.

Vegetarische Thai-Sommerrollen mit Erdnussdip

ZUBEREITUNG ca. 30 Min.

150 g ungesalzene Erdnüsse
1 Knoblauchzehe
1 Stück frischer Ingwer (ca. 5 cm)
4 EL Sojasauce
4 EL Ahornsirup
1–2 Limetten, frisch gepresster Saft (alternative: Zitronen)
30 g Reisnudeln
1 große Möhre
1 Salatgurke
1 Mango
2 Avocados
1 rote Gemüsepaprika
1 großer Kopf Blattsalat
½ Bund Koriander
1 Bund Thai-Basilikum
rundes Reispapier, Ø 25 cm (aus dem Asialaden)

1. Für den Dip Erdnüsse ohne Fett in einer Pfanne anrösten. Aus der Pfanne nehmen und abkühlen lassen. Knoblauch schälen und mit etwas Salz und einer Gabel zerdrücken. Ingwer schälen (s. Tipp S. 99) und fein reiben. Mit Sojasauce, Ahornsirup und Limettensaft verrühren. Erdnüsse in einen Mixer geben und möglichst fein zerkleinern. Sauce hinzufügen und nochmals aufmixen. Bei Bedarf noch etwas heißes Wasser zugießen, falls der Dip zu trocken ist.
2. Nudeln mit kochendem Wasser übergießen und beiseite stellen.
3. Möhre putzen und grob raffeln, die Salatgurke schälen, halbieren, Kerne entfernen und Gurkenhälften in feine Würfel schneiden. Mango schälen, Fruchtfleisch vom Kern schneiden und in Streifen schneiden. Avocados halbieren und den Kern entfernen. Avocadofleisch mit einem Löffel herauslösen und in Streifen schneiden. Gemüsepaprika halbieren und waschen. Kerne und weiße Trennwände entfernen, Paprikahälften in feine Streifen schneiden.
4. Salat abbrausen, trocken schleudern und in größere Stücke zupfen. Die Mittelrippe jeweils entfernen.
5. Koriander und Basilikum abbrausen und trocken schütteln. Jeweils die Blätter von den Stängeln zupfen, bei Bedarf grob hacken.
6. Nudeln durch ein Sieb abgießen.
7. Eine Schüssel mit handwarmem Wasser neben die Arbeitsplatte stellen. Jedes Reispapier einmal durch das Wasser ziehen, auf die Arbeitsplatte legen und abtupfen. Zunächst mit Salat, dann mit den restlichen Zutaten belegen. Mit etwas Dip beträufeln.
8. Reispapier an den Seiten einschlagen und straff aufrollen.
9. Restlichen Dip zu den Sommerrollen reichen.

Salatröllchen
mit pikanter Avocado-Tomaten-Salsa

6 PORTIONEN als Vorspeise

ZUBEREITUNG ca. 25 Min.
RUHEZEIT ca. 30 Min.

2 große Köpfe Blattsalat
½ Bio-Salatgurke
200 g Romatomaten
Salz
¼–½ rote Chilischote nach Geschmack
1 Schalotte
2 Avocados
½ Limette, frisch gepresster Saft (alternativ: Zitrone)
2 Msp Piment d'Espelette (alternativ: Chiliflocken)
100 g Joghurt (10 %)

1. Salat waschen und die äußeren Blätter ablösen. Blätter trocken tupfen oder schleudern. Den restlichen Salat anderweitig verwenden, z. B. für einen Beilagensalat.
2. Gurke abwaschen und mit Schale grob raffeln. Tomaten vierteln, Stielansatz und Kerne entfernen. Tomaten in kleine Würfel schneiden. Tomatenwürfel und Gurkenraspel mit ½ TL Salz bestreuen, in ein Sieb über einer Schüssel füllen und zum Abtropfen 30 Minuten stehen lassen.
3. Chilischote längs halbieren, Kerne entfernen und Schote in winzige Würfel schneiden.
4. Schalotte schälen und in kleine Würfel schneiden
5. Avocados halbieren, Kern entfernen und das Fruchtfleisch mithilfe eines großen Löffels am Stück aus der Schale heben oder die Schale mit einem scharfen Messer abziehen. Avocado in kleine Würfel schneiden und mit Limettensaft beträufeln. Gurkenraspel und Tomatenwürfeln dazugeben und mit Chili und Schalottenwürfeln vorsichtig vermischen. Mit Salz und 1 Msp Piment d'Espelette abschmecken.
6. In die Mitte eines jeden Salatblatts etwa einen Esslöffel der Masse geben. Jeweils die Seiten einschlagen und das Blatt aufrollen.
7. Joghurt mit ein wenig der aufgefangenen Abtropfflüssigkeit glatt rühren. Mit Salz und 1 Msp Piment d'Espelette abschmecken und als Dip servieren.

GEMÜSE EINSALZEN Durch das Einsalzen verlieren Tomaten- und Gurkenwürfel Wasser und schmecken intensiver. Der Entwässerungsprozess wird beschleunigt, wenn auf die Gurken-Tomaten-Mischung ein mit Wasser gefüllter Gefrierbeutel gelegt wird, der das Gemüse beschwert. Der aufgefangene Gemüsesaft kann mitsamt Tomatenkernen zu einer kalten Tomatensuppe (Gazpacho) verarbeitet werden. Für vier Portionen 500 g Tomaten, eine ungeschälte Bio-Salatgurke, eine halbe Zwiebel, eine Knoblauchzehe, eine grüne Gemüsepaprika, 30 ml Olivenöl, 10 ml Rotweinessig, Salz und Pfeffer mit dem Stabmixer oder in einem Blender pürieren und gut gekühlt servieren.

PIMENT D'ESPELETTE ist ein Gewürzpaprika, der in der französischen Gemeinde Espelette am Rande der Pyrenäen angebaut wird. Er ist sehr aromatisch und besitzt eine moderate Schärfe.

Röllchen aus Romanasalat
mit Linsen-Thunfisch-Füllung

6 PORTIONEN als Vorspeise

ZUBEREITUNG ca. 30 Min.
ABKÜHLZEIT ca. 30 Min.

2 große Köpfe Romanasalat
Salz
50 g rote Linsen
150 ml Gemüsebrühe
1 Zwiebel
1 EL Olivenöl
1 Dose Thunfisch naturell
  (ca. 180 g Abtropfgewicht, siehe
  Hinweis Seite 79)
2–3 EL Frischkäse, Doppelrahmstufe
schwarzer Pfeffer, frisch gemahlen

1. Romanasalat waschen und Blätter ablösen. Maximal eine Minute in Salzwasser blanchieren. Trocken tupfen und auf einer Arbeitsplatte ausbreiten.
2. Linsen in Gemüsebrühe etwa zehn Minuten kochen. Sie sollten gar sein, aber noch nicht zerfallen. Garflüssigkeit abgießen und auffangen.
3. Zwiebel schälen und in kleine Würfel schneiden. Olivenöl erhitzen und Zwiebelwürfel darin bei mittlerer Hitze anschwitzen, bis sie glasig sind.
4. Thunfisch abgießen, mit der Gabel zerpflücken und zu den Zwiebeln geben. Etwa drei Minuten mitbraten. Abkühlen lassen. Linsen zur Thunfisch-Zwiebel-Mischung geben, mit Frischkäse verrühren. Falls die Masse zu fest ist, etwas von der aufgefangenen Gemüsebrühe zugießen. Mit Salz und Pfeffer abschmecken.
5. Die Masse auf den Salatblättern verteilen. Die Seiten einklappen und die Blätter aufrollen.

Salatröllchen
mit Forellenfilet und Meerrettich

6 PORTIONEN als Vorspeise

ZUBEREITUNG ca. 20 Min.
RUHEZEIT ca. 30 Min.

2 große Köpfe Blattsalat
½ Salatgurke
Salz
200 g Forellenfilets
½ Bund Dill
100 g Frischkäse, Doppelrahmstufe
100 g Joghurt (3,5 %)
3 TL Meerrettich aus dem Glas oder
  frisch gerieben
weißer Pfeffer, frisch gemahlen
2 EL Sonnenblumenöl
1 EL Weißweinessig

1. Salat waschen und die äußeren Blätter ablösen. Blätter trocken tupfen oder schleudern. Den restlichen Salat in Streifen schneiden.
2. Gurke schälen, längs halbieren. Die Kerne mit einem Teelöffel entfernen. Gurke in sehr feine Würfel schneiden, mit Salz bestreuen und in einem Sieb oder Durchschlag 30 Minuten abtropfen lassen. Forellenfilets in kleine Stückchen zupfen. Dill abbrausen, trocken schütteln und die Blättchen fein hacken.
3. Frischkäse mit Joghurt und 2 TL Meerrettich verrühren, Gurkenwürfel, Forellenfilets und Dill dazugeben und zu einer gleichmäßigen Masse verarbeiten. Mit Salz und Pfeffer abschmecken.
4. Jeweils ca. 2 TL der Füllung auf die Mitte eines Salatblatts streichen. Die Seiten einschlagen und aufrollen. In der Mitte schräg halbieren und mit einem Zahnstocher fixieren.
5. Aus 2 EL Sonnenblumenöl, 1 EL Weißweinessig und 1 TL Meerrettich ein Dressing rühren. Mit Salz und Pfeffer abschmecken. Salatstreifen auf sechs Salattellern anrichten, jeweils mit etwas Dressing beträufeln und die Röllchen darauf servieren.

Salatröllchen
mit mediterraner Linsenfüllung

4 PORTIONEN als Vorspeise

ZUBEREITUNG ca. 40 Min.
ABKÜHLZEIT ca. 20 Min.

2 große Köpfe Blattsalat
50 g kleine braune Linsen (z. B. Berglinsen, Alblinsen, Puylinsen) oder schwarze Linsen (Belugalinsen)
250 ml Gemüsebrühe
½ TL getrockneter Oregano
3 EL Aceto Balsamico
50 g Feta (siehe Seite 61)
2 Tomaten
5 getrocknete, in Öl eingelegte Tomaten
50 g Kalamata-Oliven ohne Stein
Salz
schwarzer Pfeffer, frisch gemahlen
2 EL Olivenöl

1. Salat waschen und die äußeren Blätter ablösen. Blätter trocken tupfen oder schleudern.
2. Linsen unter klarem Wasser abspülen und abtropfen lassen. Gemüsebrühe mit Oregano erhitzen. Linsen in der Brühe bei sanfter Hitze etwa 20 Minuten kochen. Sie sollten gar, aber noch bissfest sein. Abgießen, mit 2 EL Aceto balsamico mischen und abkühlen lassen.
3. Feta zerkrümeln und mit den Linsen mischen. Tomaten waschen, vierteln, Stielansatz und Kerne entfernen. Tomaten in kleine Würfel schneiden und zu den Linsen geben.
4. Getrocknete Tomaten und Oliven in Würfel schneiden, mit den Linsen mischen. Mit Salz und Pfeffer abschmecken. Jeweils etwa einen Esslöffel der Füllung auf ein Salatblatt streichen und aufrollen.
5. Restlichen Salat in breite Streifen schneiden. 1 EL Aceto balsamico und 2 EL Olivenöl verrühren, mit Salz und Pfeffer abschmecken. Salatstreifen auf einen großen Teller geben, mit der Sauce beträufeln und die Salatröllchen in der Mitte anrichten.

Gefüllte Weinblätter

Mit Reis oder Hackfleisch gefüllte Weinblätter sind eine traditionelle Vorspeise in vielen südlichen Ländern. Man kennt sie in Rumänien, Südrussland und im Mittleren Osten. Am bekanntesten sind die der griechischen (Dolmádes) und türkischen (Sarma) Küche. Sie werden pur oder mit einem Dip aus glatt gerührtem Joghurt serviert.

CA. 30 STÜCK als Vorspeise

ZUBEREITUNG ca. 45 Min.
RUHEZEIT ca. 45 Min.
GARZEIT ca. 40 Minuten

1 Glas Weinblätter in Salzlake
  (ca. 200 g Abtropfgewicht)
200 g Langkornreis
1 Zwiebel
4 Stängel glattblättrige Petersilie
2 Stängel Minze
4 Stängel Dill
8 EL Olivenöl
40 g Pinienkerne
40 g Rosinen
4 EL Zitronensaft
Salz
weißer Pfeffer, frisch gemahlen
1 Bio-Zitrone
ca. 500 ml Gemüsebrühe
150 g Joghurt (10 %)

WEINBLÄTTER In Salzlake eingelegte Weinblätter sind in mediterranen Lebensmittelmärkten, aber auch in gut sortierten Supermärkten erhältlich. Wer die Chance hat, ungespritzte Weinblätter zu bekommen, sollte sie nutzen und das Rezept mit frischen, ein bis zwei Minuten in Salzwasser blanchierten und danach trocken getupften Weinblättern zubereiten.

1. Weinblätter 15 Minuten in kaltem Wasser einlegen, abtropfen lassen und trocken tupfen. Blätter auf einer Arbeitsplatte ausbreiten, das Blattende (Stiel) abschneiden. Beschädigte Blätter beiseite legen.
2. In der Zwischenzeit den Reis in Salzwasser etwa zehn Minuten vorgaren. Abgießen.
3. Zwiebel schälen und in feine Würfel schneiden. Kräuter abbrausen, trocken schütteln und ohne Stiele fein hacken.
4. 2 EL Olivenöl in einer Pfanne erhitzen. Zwiebeln darin bei mittlerer Hitze goldgelb anschwitzen. Pinienkerne dazugeben und drei Minuten mitbraten. Rosinen, Kräuter und Zitronensaft hinzufügen. Mit Reis mischen und mit Salz und Pfeffer würzen.
5. Jeweils einen Esslöffel Reismischung auf ein Weinblatt geben. Die langen Seiten über der Füllung einschlagen, das Blatt fest, aber nicht zu straff aufrollen.
6. Zitrone heiß abspülen und in Scheiben schneiden.
7. Beschädigte Weinblätter mit einer Lage Zitronenscheiben in einen großen, flachen Topf legen. Rollen mit der Nahtstelle nach unten darauf setzen. Mit dem restlichen Olivenöl beträufeln. Noch übrige Zitronenscheiben und Weinblätter darauf legen und mit Gemüsebrühe auffüllen. Das Ganze mit einem Teller beschweren. Aufkochen und bei sanfter Hitze 35–40 Minuten schmoren.
8. Joghurt mit etwas Salz glatt rühren. Mit den lauwarmen oder kalten gefüllten Weinblättern servieren.
9. Dazu passt Fladenbrot und statt des einfachen Joghurts auch *Tsatsiki* (griechisch) oder *Cacık* (türkisch).

Beste Reste
aus Kohl

Ich lebe von guter Suppe und nicht von schöner Rede.

Molière aus „Die gelehrten Frauen"

Beilagen

Bayrisch Kraut

ZUBEREITUNG ca. 30 Min.
GARZEIT ca. 30 Minuten

½ Kopf Weißkohl
75 g durchwachsener, geräucherter Speck (Bauchspeck)
1 EL Schweine- oder Gänseschmalz
2 TL Zucker
1 kleine Zwiebel
¼ l Fleischbrühe
1 kleiner Apfel
1 EL Kümmelsaat
Salz
schwarzer Pfeffer, frisch gemahlen
Weißweinessig nach Geschmack
1 TL Speisestärke

1. Kohl vierteln oder achteln, den Strunk herausschneiden. Kohl auf einem Küchenhobel oder mit einem großen Messer in schmale Streifen schneiden. Dicke Blattrippen dabei entfernen.
2. Speck in kleine Würfel schneiden. Schmalz in einem großen Topf erhitzen und die Würfel darin bei mittlerer Hitze auslassen. Mit Zucker bestreuen und leicht karamellisieren.
3. Zwiebel schälen und in Würfel schneiden. Zum Speck geben und goldgelb anbraten. Kohl nach und nach hinzufügen, dabei immer wieder umrühren, bis er zusammenfällt. Brühe angießen und aufkochen.
4. In der Zwischenzeit Apfel schälen, halbieren und Kerngehäuse entfernen. Apfelhälften in kleine Würfel schneiden. Kümmel im Mörser zerstoßen. Beides in den Topf geben, mit Salz und Pfeffer würzen. Deckel auflegen und bei sanfter Hitze ca. 30 Minuten köcheln. Der Kohl sollte weich sein, aber noch ein wenig Biss haben. Mit etwas Weißweinessig abschmecken.
5. Speisestärke mit 2 EL kaltem Wasser anrühren, zum Kraut geben und nochmals kurz aufkochen. Mit Salz und Pfeffer abschmecken. Das Kraut passt zu Bratwurst und Kartoffelpüree.

Geschmorter Kümmelwirsing

ZUBEREITUNG ca. 20 Min.
GARZEIT ca. 20 Minuten

¼ Wirsing
1 Zwiebel
1 EL Rapsöl
1–2 TL Kümmelsaat
Salz
schwarzer Pfeffer, frisch gemahlen

1. Strunk aus dem Wirsing herausschneiden. Wirsing auf einem Küchenhobel oder mit einem großen Messer in schmale Streifen schneiden. Dicke Blattrippen dabei entfernen.
2. Zwiebel schälen und in Würfel schneiden. In einem großen Topf Rapsöl erhitzen. Zwiebelwürfel darin bei mittlerer Hitze anschwitzen, bis sie goldgelb sind. Wirsingstreifen dazugeben und mitbraten. Kümmel in einem Mörser etwas zerstoßen, mit Salz und Pfeffer zum Wirsing geben. Eine halbe Tasse Wasser angießen und bei sanfter Hitze schmoren. Nach etwa 20 Minuten ist der Kohl gar, aber noch bissfest. Wer ihn weicher mag, schmort ihn etwas länger. Mit Salz und Pfeffer abschmecken.

Sahnewirsing mit Orange

ZUBEREITUNG ca. 20 Min.
GARZEIT ca. 15 Minuten

¼ Kopf Wirsing
1 EL Butter
200 ml Sahne/Rahm
Piment d'Espelette (alternativ: Cayennepulver oder Chiliflocken)
1 Bio-Orange oder Bio-Blutorange
½ TL getrockneter Oregano
Salz

1. Den Strunk vom Wirsing entfernen. Wirsing auf einem Küchenhobel oder mit einem Messer in schmale Streifen schneiden. Streifen mit dicken Blattrippen entfernen.
2. Butter in einem großen Topf erhitzen, Wirsing darin anbraten. Sahne zugießen und etwa 15 Minuten köcheln. Mit Salz und Piment d'Espelette würzen.
3. In der Zwischenzeit die Orange heiß abwaschen, trocknen und mit einem Zestenreißer einige feine Schalenstreifen abziehen und beiseite legen. Dann die Orange gründlich schälen, so dass auch die weiße innere Haut dabei entfernt wird. Orange mit einem scharfen Messer filetieren (siehe Seite 24), dabei den Saft auffangen. Orangenfilets je nach Größe in der Mitte halbieren und mit dem Saft zum Wirsing geben.
4. Mit Oregano, Salz und Piment d'Espelette sowie Orangenschale abschmecken.

Variationen: Kohl mit Obst
Die Verbindung von Obst mit gedünsteten Kohlstreifen funktioniert auch in anderen Kombinationen. Beispielsweise Spitzkohl mit Ananas, Kokosmilch (keine Sahne verwenden) und roten Chilistreifen oder Rotkohl mit Äpfeln, Weißwein und Lebkuchengewürz oder Chinakohl mit Mango, Mirin, Knoblauch, Ingwer und Miso (siehe Seite 90).
Für ein veganes Rezept einfach die Sahne durch Mandelmus ersetzen, das evtl. mit etwas Orangensaft verdünnt ist.

Rohkostsalate
Wirsing mit Walnüssen

ZUBEREITUNG ca. 20 Min.
RUHEZEIT ca. 1 Std.

¼ Wirsing (helle Blätter)
Salz
30 g Walnusskerne
3 EL Walnussöl (oder ein anderes Öl mit nussigem Geschmack)
1 Zitrone, frisch gepresster Saft
weißer Pfeffer, frisch gemahlen

1. Den Strunk vom Wirsing entfernen. Wirsing auf einem Küchenhobel oder mit einem Messer in schmale Streifen schneiden. Stücke mit dicken Blattrippen entfernen. Wirsing mit ½ TL Salz mischen und in einer Schüssel eine halbe Stunde ruhen lassen. Wirsing mit einem Kartoffelstampfer in der Schüssel kräftig bearbeiten, bis die Struktur aufgebrochen ist (der Wirsing wirkt dann etwas feucht und hat etwas weniger Volumen).
2. Die Walnüsse in einer Pfanne ohne Fett hellbraun anrösten, grob hacken und mit dem Wirsing vermischen. Mit Walnussöl, Zitronensaft, Pfeffer und Salz abschmecken und 30 Minuten ziehen lassen.

Weißkohl mit Apfel und Senf

ZUBEREITUNG ca. 20 Min.
RUHEZEIT ca. 2 Std. 30 Min.

200 g Weißkohl oder Spitzkohl
Salz
2 säuerliche Äpfel
½ Zitrone, frisch gepresster Saft
2 EL Apfelsaft
1 TL Rapsöl
2 TL mittelscharfer Senf
1 Prise Zucker
weißer Pfeffer, frisch gemahlen

1. Strunk und dicke Blattrippen entfernen, Kohl in schmale Streifen schneiden. Mit ½ TL Salz bestreuen und mit den Händen verkneten. 30 Minuten ruhen lassen, danach mit einem Kartoffelstampfer bearbeiten, bis die Blätter etwas Saft abgeben.
2. Äpfel schälen, Kerngehäuse entfernen und grob raffeln. Mit dem Kohl vermischen. Zitronensaft, Apfelsaft, Rapsöl, Senf und Zucker verrühren und mit dem Salat mischen. Mit Salz und Pfeffer abschmecken. Mindestens zwei Stunden abgedeckt ziehen lassen.

Variation: Cole Slaw
Aus Weißkohlresten lässt sich auch gut die typische US-amerikanische BBQ-Beilage machen. Die Dressingbasis ist meist Sauerrahm mit Mayonnaise, häufig sind auch noch geraspelte Möhren, Zwiebelwürfel und Senf dabei.

Rotkohl mit Mango und Orange

ZUBEREITUNG ca. 20 Min.
RUHEZEIT ca. 2 Std. 30 Min.

ca. 200 g Rotkohl
½ TL Salz
1 Bund Frühlingszwiebeln
1 Orange
½ frische Mango
3 EL Erdnussöl
1 EL Erdnussbutter
1 EL Zitronensaft
½ TL Kurkumapulver (Gelbwurz)
½ Bund Koriander
1 EL Sesamsaat

s. Bild Seite 150

1. Strunk des Rotkohls herausschneiden. Rotkohl in feine Streifen schneiden oder hobeln, dicke Blattrippen dabei entfernen. Rotkohlstreifen mit Salz mischen und durchkneten. 30 Minuten ruhen lassen, dann mit einem Kartoffelstampfer bearbeiten.
2. Frühlingszwiebeln putzen und in Ringe schneiden. Orangen filetieren (siehe Seite 24), Mango schälen, vom Kern schneiden und würfeln.
3. Erdnussöl leicht erwärmen, Erdnussbutter einrühren und mit Zitronensaft mischen. Mit dem Rotkohl vermengen. Orangen- und Mangostücke unterrühren. Mit Kurkuma und Salz abschmecken.
4. Koriandergrün abbrausen, die Blättchen abzupfen und hacken. Unter den Salat heben und mindestens zwei Stunden durchziehen lassen. Salat nochmals abschmecken. Sesam in einer Pfanne ohne Fett anrösten, bis er zu duften beginnt. Sofort auf einen Teller geben und abkühlen lassen. Den durchgezogenen Salat damit bestreuen und servieren.

Asiatischer Spitzkohlsalat

ZUBEREITUNG ca. 20 Min.
RUHEZEIT 45 Min.

ca. 400 g Spitzkohl, Salz
100 ml Orangensaft und
   2 EL Limettensaft, jeweils frisch gepresst
2 EL Rohrrohrzucker
2 EL naturtrüber Apfelessig
2 EL geröstetes Sesamöl (wer es nicht so intensiv mag: 1 EL Sesamöl und 1 EL Sonnenblumenöl)
2 cm Ingwer, 1 rote Chilischote
½ Bund Frühlingszwiebeln
½ Bund Koriandergrün
1 TL Schwarzkümmelsamen
weißer Pfeffer, frisch gemahlen

1. Spitzkohl vierteln und den Strunk entfernen. Den Kohl in schmale Streifen schneiden. Mit etwas Salz bestreuen und verkneten. 15 Minuten ruhen lassen.
2. In der Zwischenzeit Orangensaft, Limettensaft, Zucker und Essig verrühren, zum Schluss das Öl in die Marinade rühren. Ingwer schälen (siehe Tipp Seite 99) und reiben und zur Marinade geben. Mit Salz und Pfeffer würzen. Chilischote halbieren, entkernen und in feine Halbringe schneiden. Chili mit dem Kohl vermischen, dann alles mit der Marinade vermengen. 30 Minuten ziehen lassen.
3. Frühlingszwiebeln in Ringe schneiden. Koriander abbrausen und trocken schütteln, Blättchen abzupfen und grob hacken. Salat durchmischen, mit Zwiebelringen, Koriandergrün und Schwarzkümmelsamen bestreuen.

Rotkohlrohkost mit Mango und Orange, siehe Seite 149

Wirsing-Frittata, siehe Seite 159

Eintöpfe, Tellergerichte und Aufläufe

Stungis – Schweinefleisch-Gemüse-Eintopf aus der Innerschweiz

ZUBEREITUNG ca. 25 Min.
KOCHZEIT 30 Min.

500 g Wirsing oder Weißkohl
500 g festkochende Kartoffeln
2 Zwiebeln
500 g Gulaschfleisch vom Schwein
Salz
schwarzer Pfeffer, frisch gemahlen
etwas Mehl
1 EL Öl
½ l Fleischbrühe

1. Kohl in grobe Stücke schneiden, dicke Blattrippen und Strunk entfernen. Kartoffeln schälen und in etwas größere Würfel schneiden. Zwiebeln schälen und in grobe Würfel schneiden.
2. Das Fleisch in mit Salz und Pfeffer gewürztem Mehl wälzen. Öl in einem großen Topf erhitzen und das Fleisch von allen Seiten bei hoher Hitze darin anbraten. Fleischwürfel aus dem Topf heben. Im selben Öl bei reduzierter Wärmezufuhr die Zwiebelwürfel anbraten, bis sie goldgelb sind. Dann den Kohl dazugeben und mitbraten, bis er etwas Farbe angenommen hat. Die angebratenen Fleischwürfel wieder hinzufügen. Mit Fleischbrühe auffüllen und aufkochen lassen. Die Hitze reduzieren und 20–30 Minuten sanft köcheln lassen. Mit Salz und Pfeffer abschmecken.

Durcheinander von Wirsing, Bratwurst und Frühkartoffeln

ZUBEREITUNG ca. 20 Min.
GARZEIT ca. 25 Min.

800 g festkochende Frühkartoffeln
500 g Wirsing- oder Weißkohlblätter
3 EL Sonnenblumenöl
75 ml Milch
75 ml Gemüsebrühe
Salz
schwarzer Pfeffer, frisch gemahlen
4 grobe Bratwürste (falls erhältlich: Lammbratwurst)
1 Msp Muskatnuss, frisch gerieben
ca. 1 TL Zitronensaft

1. Kartoffeln abbürsten und in Wasser garen. Abgießen und mit der Schale in Würfel schneiden.
2. In der Zwischenzeit Wirsing- oder Weißkohlblätter waschen und in schmale Streifen schneiden, dicke Blattrippen dabei entfernen.
3. Sonnenblumenöl in einem Topf erhitzen, Wirsing bei mittlerer Hitze darin anbraten. Mit Milch und Brühe ablöschen. Mit Salz und Pfeffer würzen und etwa zehn Minuten dünsten, bis der Kohl gar ist, aber noch Biss hat.
4. Bratwürste in Scheiben schneiden. In einer Pfanne ohne Fett kräftig anbraten. Die Kartoffelwürfel dazugeben und mitbraten. Dann die Kartoffel-Bratwurst-Mischung zum Wirsing geben, mit Salz, Pfeffer, Muskatnuss und etwas Zitronensaft abschmecken.

Weißkohlauflauf mit Hackfleisch

ZUBEREITUNG ca. 25 Min.
GARZEIT 80 Min.

1 Weißkohl oder Wirsing
1 Brötchen vom Vortag
100 ml Milch, lauwarm
2 Zwiebeln
50 g durchwachsener Speck
300 g Kartoffeln
350 g gemischtes Hackfleisch (halb Schweinefleisch, halb Rind- oder Lammfleisch)
Salz
schwarzer Pfeffer, frisch gemahlen
2 EL Butter
2–3 EL Paniermehl (Semmelbrösel)

1. Weißkohl oder Wirsing in breite Streifen schneiden, dicke Blattrippen und den Strunk herausschneiden. Streifen in Salzwasser drei Minuten blanchieren. Abgießen und in einem Sieb abtropfen lassen.
2. Brötchen in Stücke schneiden und in der lauwarmen Milch einweichen.
3. In der Zwischenzeit Zwiebeln schälen und in Würfel schneiden. Speck ebenfalls würfeln. In einer Pfanne die Speckwürfel bei mittlerer Hitze sanft ausbraten. Sie sollten nicht mehr glasig, aber auch noch nicht kross sein. Aus der Pfanne heben und auf Küchenpapier legen. Das Fett anderweitig verwenden.
4. Die Kartoffeln mit Schale in Wasser fast gar kochen. Abkühlen und pellen, Kartoffeln in etwas dickere Scheiben schneiden.
5. Backofen auf 175 ºC vorheizen.
6. Hackfleisch, Speck- und Zwiebelwürfel, Kohlstreifen und zuvor ausgedrückte Brötchenstücke mit den Händen zu einer gleichmäßigen Masse vermengen. Mit Salz und Pfeffer würzen.
7. Auflaufform mit 1 EL Butter einfetten, mit Kartoffelscheiben auslegen, darauf die Hackfleisch-Kohl-Mischung geben und glatt streichen. Mit Paniermehl bestreuen. Die restliche Butter in kleinen Flöckchen daraufsetzen.
8. Im vorgeheizten Backofen etwa eine Stunde backen, bis der Auflauf eine braune Kruste hat.

Sopa mallorquin
Mallorquinischer Kohleintopf

ZUBEREITUNG ca. 25 Min.
GARZEIT 20 Min.

3 Tomaten
2 rote Gemüsepaprikas
2 Zwiebeln
5 Knoblauchzehen
ca. 500 g Weißkohl
4 EL Olivenöl
1 l Gemüsebrühe
Salz
schwarzer Pfeffer, frisch gemahlen
Rosenpaprikapulver nach Geschmack
4 Scheiben Weißbrot, nach Geschmack leicht angeröstet

1. Tomaten kreuzweise am Blütenansatz einschneiden, mit kochendem Wasser überbrühen und die Haut abziehen. Tomaten in grobe Würfel schneiden, den Stielansatz herausschneiden.
2. Gemüsepaprikas waschen, vierteln, weiße Trennwände und Kerne entfernen. Paprika in Würfel schneiden. Zwiebeln schälen und grob würfeln. Knoblauchzehen schälen und mit etwas Salz zerdrücken oder durch eine Knoblauchpresse geben.
3. Strunk vom Weißkohl entfernen und Kohl in schmale Streifen schneiden.
4. Öl in einem großen Topf erhitzen, Gemüse hineingeben und bei mittlerer Hitze darin anbraten. Knoblauch hinzufügen und mit Brühe ablöschen. Mit Salz, Pfeffer und Rosenpaprika kräftig würzen. Bei mittlerer Hitze etwa 20 Minuten garen. Nochmals abschmecken und mit evtl. leicht angeröstetem Weißbrot servieren.

155

Pikante Kuchen

Reste von verschiedenen Kohlsorten lassen sich gut als Belag für pikante Kuchen verarbeiten. Der hier vorgestellte Grundteig reicht für zwei kleinere Springformen (Ø 24 cm) oder für eine größere Tarteform (Ø 32 cm). Dieser Teig ist fettarm und verbindet die Elastizität eines Hefeteigs mit der Knusprigkeit eines Mürbeteigs. Zudem muss er im Gegensatz zu Mürbeteig nicht blind vorgebacken werden.

Wer den Teig nicht selber zubereiten möchte, kann dazu auch ungesüßten fertigen Blätterteig oder Mürbeteig aus dem Kühlregal oder TK-Ware verwenden.

Grundteig

ZUBEREITUNG ca. 10 Min.
RUHEZEIT ca. 30 Min.

275 g Weizenmehl, Type 550
30 g Maisgrieß
1 Pck Trockenhefe
1 TL Salz
1 TL schwarzer Pfeffer, grob gemahlen
250 g Joghurt (10 %)
etwas Fett für die Form

1. Die trockenen Zutaten mischen. Joghurt dazugeben und mit den Knethaken eines elektrischen Handrührers oder in einer Küchenmaschine zu einem geschmeidigen Teig verarbeiten (evtl. mit den Händen kneten). Zu einer Kugel formen, abdecken und 30 Minuten ruhen lassen.
2. Teig auf einer bemehlten Arbeitsfläche nochmals durchkneten und rund ausrollen. Die Backform ausfetten. Den Teig in die Form geben und mit einer Gabel einstechen.

Wirsing-Champignon-Kuchen

ZUBEREITUNG ca. 40 Min.
RUHEZEIT ca. 1 Std.
BACKZEIT ca. 35 Min.

Grundrezept für Teig, siehe gegenüberliegende Seite
250 g weiße Champignons
2 Schalotten
2 Knoblauchzehen
ca. 400 g Wirsing
2 EL Olivenöl
1 TL scharfes Currypulver
100 ml Gemüsebrühe
1 Bund glattblättrige Petersilie
1 TL getrockneter Thymian
100 g Bergkäse
Salz
schwarzer Pfeffer, frisch gemahlen
100 ml Milch
200 g Schmand
2 Eier

1. Den Teig wie auf der linken Seite beschrieben vorbereiten.
2. Während der Teig ruht, Champignons putzen und in feine Scheiben schneiden. Schalotten schälen und würfeln. Knoblauch schälen und mit etwas Salz und einer Gabel zerdrücken oder durch eine Knoblauchpresse geben. Wirsingblätter ablösen, waschen und trocken tupfen. Die Blattrippen heraus schneiden und die Blätter feinhacken.
3. Olivenöl in einem Topf erhitzen, Schalotten bei mittlerer Hitze goldgelb darin anschwitzen. Wirsing dazugeben und anbraten, Knoblauch und Curry unterrühren. Mit Brühe ablöschen und ca. 15 Minuten bei sanfter Hitze garen. Der Kohl sollte noch etwas Biss haben. Zum Ende der Garzeit Deckel abheben, Wärmezufuhr erhöhen und Kochflüssigkeit verdampfen lassen.
4. Petersilie abbrausen, trocken schütteln und mitsamt Stängeln fein hacken. Petersilie und Thymian zum Gemüse geben. Abkühlen lassen.
5. Backofen auf 200 °C vorheizen.
6. Käse reiben und unter das Gemüse mischen. Mit Salz und Pfeffer abschmecken.
7. Den ausgewellten Teig in eine gefettete Form geben und mit einer Gabel einstechen.
8. Das Gemüse auf den Teig geben. Milch, Schmand und Eier verrühren, mit Salz und Pfeffer würzen und über das Gemüse gießen.
9. Im vorgeheizten Backofen auf der zweiten Stufe von unten ca. 35 Minuten backen. Der Kuchen ist fertig, wenn die Oberfläche leicht angebräunt und die Eiermasse gestockt und gut durchgegart ist.

Herzhafter Kuchen mit Rotkohl, Ziegenkäse und Sonnenblumenkernen

ZUBEREITUNG ca. 40 Min.
RUHEZEIT ca. 1 Std.
BACKZEIT ca. 35 Min.

Grundrezept für Teig, siehe Seite 156
50 g Sonnenblumenkerne
ca. 400 g Rotkohl
1 Zwiebel
1 Apfel
1 EL Rapsöl
3 EL Apfelessig
250 ml Gemüsebrühe
Salz
schwarzer Pfeffer, frisch gemahlen
1 Msp Gewürznelkenpulver
2 EL Honig
1 TL getrockneter Thymian
100 ml Milch
100 ml Sahne/Rahm
1 Ei
100 g Ziegenrolle

1. Den Teig wie auf Seite 156 beschrieben vorbereiten.
2. Während der Teig ruht, Rotkohl vierteln, Strunk entfernen und den Kohl in feine Streifen schneiden. Streifen mit dicken Blattrippen wegwerfen.
3. Zwiebel schälen und in Würfel schneiden. Apfel vierteln, Kerngehäuse herausschneiden, schälen und in Stücke schneiden.
4. Rapsöl erhitzen, Zwiebeln bei mittlerer Hitze anbraten, Rotkohl dazugeben, ebenso den Apfel. Fünf Minuten anbraten, dann mit Apfelessig und Gemüsebrühe ablöschen und mit Salz, Pfeffer und Nelken würzen. Ohne Deckel 15 Minuten bei sanfter Hitze köcheln lassen, bis die Flüssigkeit verdampft und der Rotkohl bissfest ist. Honig und Thymian einrühren, dann abkühlen lassen.
5. Backofen auf 200 °C vorheizen.
6. Den ausgewellten Teig in eine gefettete Form geben und mit einer Gabel einstechen.
7. Gemüsemischung auf dem Teig verteilen. Für den Guss Milch, Sahne und Ei gut verquirlen. Mit Salz und Pfeffer abschmecken und über das Gemüse geben. Ziegenrolle zerbröseln und darauf verteilen. Im vorgeheizten Backofen auf der zweiten Stufe von unten ca. 35 Minuten backen. Der Kuchen ist fertig, wenn die Oberfläche leicht angebräunt und die Eiermasse gestockt und gut durchgegart ist.
8. In der Zwischenzeit Sonnenblumenkerne in einer Pfanne ohne Fett goldbraun rösten. Zum Abkühlen auf einen Teller geben. Vor dem Servieren den Kuchen mit den Sonnenblumenkernen bestreuen.

Wirsing-Frittata

2 PORTIONEN

ZUBEREITUNG ca. 30 Min.
RUHEZEIT ca. 30 Min.
GARZEIT ca. 45 Min.

300 g mehlig kochende Kartoffeln
1 große Zwiebel
100 g Wirsing- oder Weißkohlblätter
5 EL Olivenöl
50 ml Gemüsebrühe
4–5 Eier
½ TL mildes Currypulver
½ TL Kreuzkümmelpulver, nach Geschmack
Salz
weißer Pfeffer, frisch gemahlen

DIP
200 g Joghurt (10 %)
2 EL Sesampaste (Tahin)
2 TL Zitronensaft

s. Bild Seite 151

1. Kartoffeln mit Schale kochen, abgießen und etwas abkühlen lassen. Pellen und die Kartoffeln grob zerstampfen.
2. Zwiebel schälen und in Würfel schneiden. Wirsing oder Weißkohlblätter waschen, in schmale Streifen schneiden und dabei die dicken Blattrippen entfernen.
3. 2 EL Olivenöl in einem Topf erhitzen. Zwiebel darin bei mittlerer Hitze anschwitzen. Wirsing dazugeben und mitbraten. Brühe zugießen, aufkochen und etwa fünf Minuten bei sanfter Hitze köcheln. Zu den zerstampften Kartoffeln geben und abkühlen lassen. Eier einarbeiten, mit Curry, evtl. Kreuzkümmel, Salz und Pfeffer abschmecken.
4. In einer kleinen Pfanne (22 cm Ø) mit feuerfestem Griff restliches Olivenöl erhitzen, Eier-Gemüse-Masse hineingeben und bei mittlerer Hitze ohne zu rühren braten, bis die Masse stockt.
5. Im Backofen unter den Grill stellen und die Oberfläche bräunen. Etwas abkühlen lassen.
6. Für den Dip Joghurt mit Tahin und Zitronensaft verrühren. Mit Salz und Pfeffer abschmecken
7. Lauwarme oder kalte Frittata mit dem Joghurt-Dip servieren.

Smoothies

"Grüne" Smoothies finden immer mehr Fans und auch Kohl, allen voran Grünkohl und Wirsing, eignet sich für einen solchen Powerdrink. Da Kohl teilweise recht harte Fasern hat, sollten die ledrigen äußeren Blätter nicht verarbeitet und Blattrippen und Strunk vor dem Mixen herausgeschnitten werden.

Die Rezepte sind jeweils für zwei Gläser à 250 ml berechnet.

Grüner Smoothie mit Ananas und Gurke

ZUBEREITUNG ca. 15 Min.

ca. 100 g Grünkohl- oder Wirsingblätter
100 g Salatgurke
150 g Ananas
1 cm Ingwer
100 ml Orangensaft, frisch gepresst
3 Basilikumblätter
stilles Wasser nach Bedarf

1. Wirsingblätter waschen und in Stücke schneiden. Gurke schälen und in grobe Stücke schneiden. Ananas schälen und ebenfalls grob schneiden. Ingwer schälen (s. Tipp Seite 99) und fein reiben.
2. Alles mit Orangensaft und Basilikum in einem Blender oder mit einem Stabmixer pürieren. Mit Wasser bis zur gewünschten Konsistenz auffüllen und verrühren.

Rotkohl-Smoothie mit Mango, Orange und Minze

ZUBEREITUNG ca. 15 Min.

ca. 100 g Rotkohlblätter
2 Orangen
1 reife Mango
5 Blätter frische Minze
2–3 EL Limettensaft
½ TL Ahornsirup oder Agavendicksaft
stilles Wasser nach Bedarf

1. Kohlblätter in Stücke schneiden, dabei Strunk und dicke Blattrippen entfernen. Orange schälen und filetieren (siehe Seite 24). Mango schälen und vom Kern schneiden.
2. Alles mit Minze, Limettensaft und Ahornsirup in einem Blender oder mit einem Stabmixer pürieren. Mit Wasser bis zur gewünschten Konsistenz auffüllen und verrühren.

Pesto

Kleinere Reste eines Kohlkopfes lassen sich gut zu Pesto verarbeiten, das als Brotaufstrich oder mit Pasta serviert werden kann.

Wirsingpesto

ZUBEREITUNG ca. 20 Min.

200 g Wirsing
2 Knoblauchzehen
80 g Pinienkerne
60 g Parmesan oder Pecorino
150–200 ml natives Olivenöl
Salz
weißer Pfeffer, frisch gemahlen

1. Wirsing in Streifen schneiden, dicke Blattrippen dabei entfernen. Wirsingstreifen in Salzwasser fünf Minuten blanchieren. Abtropfen lassen. Knoblauch schälen und in Stücke schneiden. Pinienkerne in einer Pfanne ohne Fett goldbraun anrösten, auf einem Teller abkühlen lassen. Käse reiben.
2. Wirsing, Knoblauch, Pinienkerne und 150 ml Olivenöl in einem Blender oder mit einem Stabmixer pürieren. Geriebenen Käse einarbeiten. Falls die Masse zu fest ist, noch etwas Olivenöl zugießen. Mit Salz und Pfeffer abschmecken.
3. In ein sauberes Glas mit Schraubdeckel füllen und mit einer Schicht Olivenöl bedecken. Gekühlt ist das Pesto so etwa eine Woche haltbar.

Rotkohlpesto

ZUBEREITUNG ca. 20 Min.

200 g Rotkohl
2 Knoblauchzehen
1 säuerlicher Apfel
120 g Walnusskerne
60 g Parmesan oder Pecorino
½ Zitrone, frisch gepresster Saft
150–200 ml natives Olivenöl
Salz
schwarzer Pfeffer, frisch gemahlen

1. Rotkohl in Streifen schneiden, dabei die dicken Blattrippen entfernen. Knoblauch schälen und in Stücke schneiden. Apfel schälen, vierteln und Kerngehäuse herausschneiden. Apfel ebenfalls in Stücke schneiden. Walnüsse grob hacken, Käse reiben.
2. Rotkohl, Knoblauch, Apfel, Zitronensaft und Walnüsse im Blender oder mit einem Stabmixer pürieren. Olivenöl nach und nach bis zur gewünschten Konsistenz zugießen. Geriebenen Käse einarbeiten. Mit Salz und Pfeffer aus der Mühle abschmecken.
3. In ein sauberes Glas mit Schraubdeckel füllen und mit einer Schicht Olivenöl bedecken. Gekühlt ist das Pesto ein bis drei Tage haltbar.

Wirsing- oder Grünkohlchips

In jüngster Zeit sind Gemüse-Chips in – und auch Kohl lässt sich als gesunde und fettarme Alternative zu den üblichen salzigen Knabbereien zubereiten. Hierfür sind Wirsing und Grünkohl besonders gut geeignet.

Grundrezept

ZUBEREITUNG ca. 10 Min.
TROCKENZEIT ca. 1 Std.

1. Die dicken Rippen aus den Wirsingblättern schneiden bzw. die Grünkohlblätter von den Stielen streifen und Blätter in mundgerechte Stücke zupfen.
2. 1 EL Olivenöl je 100 g Wirsing bzw. Grünkohl mit Salz und Gewürzen (siehe unten) in einer Schüssel mischen. Die Blätter hineingeben und alles gut verkneten.
3. Backofen auf 120 °C vorheizen. Gewürzte Blätter auf mit Backpapier ausgelegten Backblechen verteilen. Die Blätter dürfen dazu nicht übereinander liegen. Etwa 60 Minuten im Backofen trocknen. Wenn zwei Bleche im Backofen sind, nach der Hälfte der Zeit das obere gegen das untere Blech tauschen.

Die Chips lassen sich ganz unterschiedlich würzen. Probieren Sie einmal folgende Mischungen (Menge je 100 g Kohlblätter):

Scharfe Wirsing- oder Grünkohlchips

½ TL Salz · 1 TL scharfes Paprikapulver · ½ TL Cayennepulver

Mediterrane Wirsing- oder Grünkohlchips

½ TL Salz · 1 EL Aceto balsamico · 1 TL getrockneter Oregano
1 TL schwarzer Pfeffer, frisch gemahlen

Indische Wirsing- oder Grünkohlchips

½ TL Salz · 1 TL schwarzer Pfeffer, frisch gemahlen · 1 TL Garam Masala
½ TL Ingwerpulver

Anhang

Das Essen und Trinken ist ein Fest, und kein Fest vergeht ohne Essen und Trinken.

Hans Balzli aus „Gastrosophie"

Sehens- und Wissenswertes

KOHLosseum, Dithmarscher Kohltage und deutsche Kohlstraße

An der Westküste Schleswig-Holsteins befindet sich in Dithmarschen zwischen St. Peter-Ording und Büsum das größte geschlossene Kohlanbaugebiet Europas, durch das auch die deutsche Kohlstraße führt. Im KOHLosseum, einer ehemaligen Sauerkrautfabrik, befinden sich das Kohlmuseum sowie ein Bauernmarkt. In der Sauerkrautwerkstatt kann die Herstellung des Kohlgemüses beobachtet werden.

ÖFFNUNGSZEITEN KRAUTFABRIK UND MUSEUM:
Dienstag, Mittwoch und Donnerstag von 14:00–16:00 Uhr, Vorführung mit Verkostung jeweils zu voller Stunde

BAUERNMARKT:
Montags bis freitags von 9:00–17:00 Uhr und samstags von 9:00–13:00 Uhr
Bahnhofstraße 22a, 25764 Wesselburen
www.kohlosseum.de

Seit 1986 findet jährlich im September in Dithmarschen ein großes Erntefest mit Unterhaltungsprogramm und „kohlinarischen" Veranstaltungen statt.
www.dithmarschen-tourismus.de

Auf der deutschen Kohlstraße von Brunsbüttel entlang der Küste bis nach Wesselburen und Büsum kann man vielerorts typische, aber auch ungewöhnliche Kohlgerichte genießen. Selbst Eissorten und Marmeladen werden mit dem Gemüse kreiert.

Filderkrautfest

Am dritten Oktober-Wochenende wird in Leinfelden-Echterdingen das Filderkraut ins Zentrum gerückt. Ortsansässige Vereine und Organisationen bereiten die große „Krauthocketse" vor: Das Krautkönigspaar wird gekrönt, ein Krauthobelweltmeister gekürt und Musik und Tanz begleiten das kulinarische Ereignis.
www.leinfelden-echterdingen.de

Weitere Feste

In Rheindahlen, einem Ortsteil von Mönchengladbach, findet einmal im April ein Kappesfest statt, das auf die frühere Tradition des Weißkohlanbaus (Kappes) und die ehemalige Sauerkrautproduktion (Suure Kappes) Bezug nimmt.

Im November lädt das Heimatmuseum in Reichshof-Eckenhagen (in der Nähe von Köln) zum Kappesfest: www.ferienland-reichshof.de

In der Dahlhauser Heide im Nordwesten Bochums war der Anbau von Kohlgemüse in den früheren Gärten der Zechenarbeitersiedlung an der Tagesordnung. Noch heute zeugt der Name der denkmalgeschützten Kappeskolonie von dieser Zeit.

Ende September wird in Krautostheim das Gemüse gefeiert, das dem Ort in der Nähe von Markt Nordheim (Franken) seinen Namen gab: www.krautostheim.de
Die im fränkischen Seenland gelegene Krautstadt Merkendorf zelebriert Mitte September seine Krautwoche: www.merkendorf.de (bei Tourismus-Freizeit unter Merkendorfer-Kraut).

Die Dorfgemeinschaft Unsernherrn (Ingolstadt) begeht jährlich im Oktober zum Ernteende das Ingolstädter Krautfest: www.krautfest-ingolstadt.de

In Eschenbach, einem vor der Schwäbischen Alb gelegenen Ort, erinnert das jährlich im Sommer stattfindende Krautfest an die Zeit, als die als „Krautbäuche" bezeichneten Bauern ihre Ware in den Dörfern auf der Alb verkauften und mit gefüllter Börse heimkehrten: www.gemeinde-eschenbach.de (bei Freizeit & Spaß unter Märkte & Feste)

In der Schweiz im Kanton Bern lädt der Ort Thurnen immer gegen Ende August zum Kabisfest/Chabisfescht ein, das zum Beginn der jährlichen Kabisernte (Kohlernte) steht: www.kabisfest.ch
In der Nähe, in Toffen, wird die Chabishoblete (das Hobeln des Kohls) meist Anfang Oktober gefeiert. Zur traditionellen Berner Platte werden neben sauer eingemachten Rüben auch das lokale Sauerkaut gereicht: www.chabishoblete-toffen.ch

In Österreich stellt das Gitschtaler Krautfest am ersten Sonntag im Oktober einen kulinarischen Höhepunkt im Kärntner Festkalender dar: www.nassfeld.at (unter Highlights bei Brauchtum und Kultur). Das Trauner Krautfest im Steinhumergut erinnert an das wichtige Gemüse in der vitaminarmen Winterzeit mit Krautstrudel und Krautbialtschen (mit Kraut gefüllte Hefeteigtaschen): www.traun.at

In Frankreich ist das Elsass das Hauptanbaugebiet von Kraut. Der kleine Ort Krautergersheim vor den Toren Straßburgs ist die „Capitale de la choucroute" (Hauptstadt des Sauerkrauts) und liegt an der Sauerkrautstraße, die sich von Benfeld bis dorthin erstreckt. Zahlreiche an ihr gelegene Erzeuger laden zu einer Schlemmerreise auf den Spuren des elsässischen Sauerkrauts ein. Höhepunkt ist die jährlich am letzten Septemberwochenende stattfindende Fête de la Choucroute in Krautgersheim: www.elsass-netz.de (unter Feiertage, Festtage, Feste).

Sie kennen noch weitere „kohlinarische" Feste?
Die Autorin und der Verlag freuen sich über Ihre Zuschriften an: info@haedecke-verlag.de
oder per Post an den Hädecke Verlag, Postfach 1166, 71256 Weil der Stadt/Deutschland.

Bio-Saatgut

Wer Kohl selber anbauen will, wird bei diversen Bio-Saatgut-Anbietern fündig. Am besten lassen Sie sich in Ihrer Bio-Gärtnerei vor Ort oder im Naturkostladen dazu beraten, die eine Vielzahl von Bio-Sämereien, darunter Kohlsamen, im Angebot haben.

Online werden Sie beispielsweise bei diesen Firmen fündig:

www.dreschflegel-saatgut.de
Bei Dreschflegel haben sich 17 Gärtnereien und Höfe zusammengefunden, die sich um die biologische Saatgut-Vermehrung und -züchtung verdient machen.

www.biosaatgut.eu
Alte samenfeste Sorten und biologisches Saatgut, viele auch in Demeter-Qualität.

https://shop.arche-noah.at
Arche Noah ist eine Vereinigung aus Praktikern, die es sich zur Aufgabe gemacht hat, die biologische Sortenvielfalt zu erhalten. Der Verein pflegt und bewahrt tausende von gefährdeten Gemüse- und Obstsorten.

Rezeptverzeichnis

Ägyptische Weißkohlröllchen,
   klein   113
amerikanischer Weißkohlsalat
   zum BBQ   148
asiatische Chinakohlroulade mit
   Fisch und Koriander   89
asiatischer Spitzkohlsalat   149
Aufläufe   152
Avocado-Tomaten-Salsa   137

Bayerische Krautwickel
   mit Kümmel   38
Bayrisch Kraut   144
bosnische Krautwickel aus sauer
   eingelegtem Kohl   59

Capuns   129
Cavolo nero
   mit Bohnen-Ricotta-Füllung auf
      Tomatenragout   121
   mit Kartoffel-Zucchini-
      Füllung   122
Chabisbünteli   36
Chinakohl
   mit Kartoffel-Porree-Füllung
      und Seidentofu   123
   mit Mango, Ingwer
      und Miso   147
   -röllchen mit Thunfisch
      und Miso   90
   -rouladen, klein, in
      Kokosmilch   124
Chips aus Kohlblättern   162
Chou farci   115
Cole Slaw   148

Dolmades   140
Durcheinander von
   Wirsing, Bratwurst und
   Frühkartoffeln   152
Eintöpfe   152
Erdnussdip   135

Farschirovannaja Kapusta   57
Fischfüllungen   76–91,
   130, 133–134, 138
Fischröllchen mit Curry und Zitro-
   nengras   85
Fleischfüllungen   28–73, 129
Forelle, geräuchert,
   in Spitzkohl   86

Gazpacho   137
Golabki   44
Golubtsi   43
Graubündner Mangold-
   wickel   129
griechische Lamm-Kohl-
   rouladen mit Feta aus dem
   Backofen   48
   Wirsingröllchen mit Dill,
   Minze und Kreuzkümmel   35
grüner Smoothie mit Ananas
   und Gurke   160
Grünkohl
   -Aprikosen-Rolle
      mit Chorizo   71
   „Bonbons"   68
   -chips   162
   Hähnchen-Rouladen
      „inside out"   73
   Pinkel-Rolle   70

Indonesische Weißkohlrouladen
   mit Huhn und schneller
   Erdnuss-Sauce   55 f.
italienischer Weihnachtskohl   97

Japanische Kohlrouladen
   in der Brühe   53
Königsberger
   Spitzkohlrouladen   64
Kohl-
   päckchen, gefüllt mit Schafskäse und Rosmarin   110

Kohl-
   rouladen 1001 Nacht
      mit Lammhackfleisch
      und Minze   49
   rouladen, klein, aus dem Mor-
      genland mit Rinderhackfleisch
      und Datteln   41
   rouladen mit Sauerkraut
      gefüllt   33
kretische Kohlrouladen
   mit Ei-Zitronen-Sauce   67
Kuchen, pikant   156 f.
Kümmelwirsing, geschmort   145

Lachanodolmádes
   Avgolémono   67
Lachs in Mangold   130
libanesische Kohlrouladen mit
   Lammwürfeln   51
Limettensauce   131

Malfouf   51
mallorquinischer
   Kohleintopf   154
Mangold-
   röllchen auf Limetten-
      sauce   131
   wickel aus Graubünden   129
Maschi kromb   113
Meerrettichsauce   66

Nem cuon tom   134
norddeutsche Wirsingroulade
   mit Apfel und Sellerie   30

Omeletts, vietnamesisch, im
   Salatblatt   133
orientalische Weißkohl-
   rouladen mit Rosinen
   und Pinienkernen   46

Panierte Spitzkohlpäckchen mit
   Tomaten-Ricotta-Füllung   119

Pesto 161	Sauerkrautwickel, ungarisch 60	vietnamesische
polnische überbackene Weißkohl-	Schweinefleisch-Gemüse-Eintopf	Omeletts im Salatblatt 133
rouladen 44	aus der Innerschweiz 152	Sommerrollen mit
	Seelachsroulade mit Speck in	Garnelen 134
Rohkostsalate 148 f.	Wirsing, rustikal 78	**W**asabisauce 81
Röllchen aus Romanasalat mit	Senfsauce 45	Weihnachtskohl, italienisch 97
Linsen-Thunfisch-Füllung 138	skandinavische Krautwickel	Weinblätter, gefüllt 140
Rotbarsch im Wirsingblatt 79	mit Rübensirup 40	Weißkohl-
Rotkohl-	Smoothies 160	auflauf mit Hackfleisch 153
Fisch-Rouladen mit	Sopa mallorquin 154	röllchen, klein, mit Linsen, Rosi-
Wasabisauce 81	Spitzkohl	nen und Frischkäse 112
Kuchen mit Ziegenkäse und	mit Ananas, Kokosmilch 147	röllchen mit Hirse- und Möh-
Sonnenblumenkernen 158	-röllchen aus dem Backofen mit	renfüllung 109
mit Äpfeln, Weißwein und	Meerrettichsauce 66	rohkost mit Apfel und Senf 148
Lebkuchengewürz 147	-röllchen mit Meerret-	rollen mit Couscous, Mandeln
päckchen mit Zander und	tich-Frischkäse und Sonnenblu-	und Aprikosen 107
Süßkartoffeln 82	menkernen 117	rouladen mit Kalb und Senf-
paket, vegetarisch, mit Stein-	-roulade mit Kabeljau und Mee-	sauce 45
pilzen und Tomatensauce 115	resfrüchten 87	rouladen mit Linsen, Porree und
pesto 161	-rouladen Finkenwerder Art 83	Sellerie 111
rohkost mit Mango und	Stungis 152	Wirsing-
Orange 149		Champignon-Kuchen 157
rouladen mit Lammhackfleisch	**T**eig für pikante Kuchen 156	chips 162
und Feta 61	Thai-Sommerrollen, vegetarisch,	Frittata 159
rouladen mit Wildhackfleisch	mit Erdnussdip 135	pesto 161
und Pfifferlingen 62	Töltött Káposzta 60	röllchen mit Austernpilzen und
rouladen, herbstlich, mit	Tomatenragout 121	Frischkäse 94
Maronen 116	Trung trang 133	röllchen, kalt, mit Räucherlachs 76
Smoothie mit Mango, Orange		röllchen, klein, mit Pilzen und
und Minze 160	**U**ngarische Krautwickel mit	Walnüssen 102
rumänische Kohlrouladen 59	Sauerkraut 60	rohkost mit Walnüssen 148
russische Kohlrouladen 43		rouladen mit Haselnuss-Ziegen-
russischer gefüllter Kohl 57	**V**egane Rezepte 56, 101–102,	käse-Füllung 98
	106, 113, 115–116, 124,	rouladen mit Lamm und
Sahnewirsing mit Orange 147	145–149, 154, 160 ff.	Steinpilzsahne 32
Salat-	vegetarische Füllungen	rouladen mit Rinderhackfleisch
röllchen mit Forellenfilets und	94–125, 131, 135–137,	und getrockneten Tomaten 29
Meerrettich 138 f.	139–140	roulade, traditionell 28
röllchen mit pikanter	vegetarische Gerichte 44,	torte mit Quinoa und
Avocado-Tomaten-Salsa 137	94–125, 131, 135–137,	Buchweizen 106
rollen mit mediterraner	139–140, 145–149,	
Linsenfüllung 139	154–159	**Z**itronen-Ei-Sauce 67
Sarma 59, 140	Verzolini della vigilia 97	Zuger Chabisbünteli 36
Sarmale 59		

Stichwortverzeichnis

Äpfel 30–33, 70, 144, 147–148, 158, 161
Ananas 147, 160
Aprikosen 71, 107
Austernpilze 94
Avocados 135, 137

Baharat 49
Basilikum 73, 121, 135, 160
Baumnüsse, s. Walnüsse
Birnen 70
Bohnen 55, 121
Bratwurst 33, 152
Bregenwürste 70
Buchweizen 44, 106
Bündner Fleisch 1219
Bulgur 113

Cashewkerne 99, 115
Cavolo nero 121–122
Chinakohl 76, 89–90, 123–124, 147
Chorizo 71
Cousous 107

Datteln 41
Dill 35, 45, 67, 81, 86–87, 113, 138, 140

Erdnüsse 55, 135
Erdnussbutter 55, 134, 149
Esskastanien, s. Maronen

Feta 48, 61, 99, 101, 131
Fisch 76–90, 138
Forelle 86, 138
-kaviar 86
Frischkäse 32, 71, 76, 94, 107–109, 112, 117, 119, 121, 138

Garnelen 134
Gemüsepaprika 55, 59, 123–124, 133, 135–137, 154
Glasnudeln 124
Grünkern 105
Grünkohl 68–73, 160
Gurke, s. Salatgurke 134

Hackfleisch, gemischt 28, 30, 36, 40, 57, 59, 60, 153
Hähnchenfleisch 55, 73
Haselnüsse 98, 105
Hirse 109

Hokkaidokürbis, s. Kürbis

Ingwer 55, 71, 89–90, 99, 124, 133, 135, 147, 149, 160
schälen (Küchentipp) 99

Kabeljau 85, 87, 89
Käse 44, 46, 48, 73, 97, 104, 105, 109, 112, 119–122, 129, 131, 157, 161
Kalbshackfleisch 45, 64
Kale, s. Grünkohl
Kapern 61, 64
Kapstachelbeere, s. Physalis
Karotten, s. Möhren
Kartoffeln 38, 68, 122–123, 152–153, 159
Kascha 44
Kassler 70
Kerbel 79
Kichererbsen 112
Knollensellerie 30
Kohlwurst 68
Kohlwürste 70
Kokosmilch 56, 89, 124, 147
Kopfsalat 133, 135–139
Koriander 46, 89, 109, 113, 133–135, 149
Kürbis 99

Lachs 90, 130
Lachs, geräuchert 76
Lachsforelle 86
Lammfleisch 32, 51
Lammhackfleisch 48, 49, 61, 62
Lauch, s. Porree
Lebkuchengewürz 147
Linsen 111, 112, 138–139

Macadamianüsse 133
Mais 55
Mamaliga 59
Mandeln 41, 107, 112
Mangos 134–135, 147, 149, 160
Mangold 129–131
Maronen 116
Meeresfrüchte 83, 87, 89
Meerrettich 66, 76, 117, 138
Mehlschwitze 23
Mettwurst 33
Minze 35, 49, 131, 134, 140, 160

Miso 53, 90, 147
Möhren 43, 94, 105, 109, 133, 134
Mungbohnensprossen, s. Sojasprossen

Nordseekrabben 83
Nüsse 98, 99, 102, 105, 115, 133

Oliven 137
Orangen 41, 98–99, 107, 147, 149, 160
filetieren 24
Oregano 115, 139, 147, 162

Palmkohl 121–122
Paprika, s. Gemüsepaprika
Parmesan 73, 97, 105, 109, 119–121, 161
Pecorino 122, 161
Petersilie 29, 35–36, 40, 45, 48, 62–66, 79–81, 94, 98, 102–105, 109, 113, 121, 140, 157
Pfifferlinge 62
Physalis 82
Pilze 32, 44, 53, 55, 62, 78, 94, 102, 112, 115, 157
Piment d'Espelette 137
Pinienkerne 46, 119, 121–122, 131, 140, 161
Pinkel 70
Pistazien 41
Porree 79, 83, 90, 105, 111, 123
Preiselbeeren 32, 62, 116

Quark 123
Quinoa 106

Räucherlachs 76
Räuchertofu 56
Ras el Hanout 112
Rauchfleisch 129
Reis 35, 40, 41, 43, 49, 51, 55, 57, 59, 60, 67, 94, 101, 113, 115, 131, 140
Reisnudeln 134, 135
Reispapier 134, 135
Ricotta 32, 119, 121
Rinderhackfleisch 29, 35, 41, 43, 62, 66, 67
Rinderschinken 129
Rippchen 59

Rosmarin 107, 110
Rote Bete 101
Rosinen 46, 112, 131, 140
Rotbarsch 79, 81, 85
Rotkohl 61–62, 81–82, 115–116, 147, 149, 158, 160–161

Salami 129
Salatgurke 134–137, 160
Salbei 102 f.
Salsiz 129
Sardellenfilets
Sarma 59
Sauerkraut 33, 59, 60
Schafskäse 99, 110, 131
Sbrinz 129
Schnittlauch 73, 117, 123, 133
Scholle 83
Schwarzkohl, s. Palmkohl
Schweinebauch 59, 134
Schweinefleisch 152
Schweinehackfleisch 38, 44, 53, 59
Schweinenetz 70
Seelachs 78, 81, 85
Seidentofu 123
Sellerie 30, 111
Senf 30, 33, 38, 45–46, 148
Sesam 90, 149, 159
Shiitake 53
Shrimps 89, 134
Sirene (bulgarischer Schafskäse) 110
Sojasprossen 124, 134
Sonnenblumenkerne 117, 158
Speck 29, 38, 44, 59, 60, 70, 78, 83, 129, 144, 153
Spinat 131
Spitzkohl 64–67, 83–87, 117–119, 147, 149
Steinpilze 32, 115
Sultaninen 131
Sumach 41
Süßkartoffeln 82, 99

Tamari 53
Tatar vom Rind 66
Tempeh 56
Thai-Basilikum 135
Thunfisch 90, 138
Thymian 61, 98, 105, 121, 157–158
Tiefseegarnelen 89

172 Anhang

Tofu 56, 123	**W**alnüsse 32, 73, 102, 104, 148, 161	Weißkohlblätter, sauer eingelegt 59, 60	**Z**ander 82, 89
Tomaten 29, 36, 43, 78, 55, 59, 97, 106, 110, 113–115, 121, 130, 137, 139, 154	Wasabi 81	Wildhackfleisch 62	Ziegenfrischkäse 46, 73, 98
	Weinblätter 140	Wirsing 28–32, 35–36, 76–79, 94–106, 145–148, 152–153, 157, 159–161	Ziegenkäse 98, 158
getrocknet 29, 104, 119, 122, 139	Weißkohl 33, 36–57, 107–113, 144, 148, 152–154, 159	Wurst, geräuchert 68–71	Zitronengras 82, 85
			Zucchini 122
			Zuckerschoten 53

Saisonkalender

	Januar	Februar	März	April	Mai	Juni	Juli	August	September	Oktober	November	Dezember
Ackerpille (Jaroma®/Filoma®)						●	●	●	●	●	●	■
Bamberger Spitzwirsing					●	●	●	●	●	●	●	●
Chinakohl	■	■	■					●	●	●	●	■
Choi Sum						●	●	●	●	●	●	
Filderkraut								●	●	●	●	●
Grünkohl	●	●								●	●	●
Ismaninger Kraut	●								●	●	●	●
Kai Choi								●	●	●	●	
Kopfsalat				■	●	●	●	●	●	●	●	■
Maiwirsing					●	●						
Mangold				■	●	●	●	●	●	●		
Pak Choi								●	●	●	●	
Palmkohl/ Schwarzkohl								●	●	●	●	●
Rotkohl (frühe Sorten ab August)	■	■	■	■	■	■		●	●	●	●	■
Spitzkohl					●	●	●	●	■	■		
Weißkohl (frühe Sorten bereits im Mai)	■	■	■	■	■	●	●	●	●	●	●	■
Wirsing (frühe Sorten bereits ab Juni)	●	●				●	●	●	●	●	●	●

■ Gewächshaus/Lagerware   ● Freiland/Frischware   ● Freiland/Frischware, nur ohne Frost

Abkürzungen und Hinweise

Msp	Messerspitze	**ml**	Milliliter = ¹⁄₁₀₀₀ Liter	**°C**	Grad Celsius
Pck	Päckchen	**l**	Liter	**ca.**	Circa
g	Gramm	**cm**	Zentimeter	**evtl.**	eventuell
kg	Kilogramm	**Ø**	Durchmesser	**mind.**	mindestens
TL	Teelöffel	**Min.**	Minuten		
EL	Esslöffel	**Std.**	Stunden		

Sofern nicht anders vermerkt, sind die Rezepte für 4 Portionen ausgearbeitet.

Die Temperaturangaben dieses Buches sind in °C (Grad Celsius) angegeben. Bei der Zubereitung im Backofen ist – falls nicht anders angegeben – die Temperatur eines Elektroherds mit normaler Ober- und Unterhitze gemeint. Bei Umluft kann sich die Garzeit verkürzen, für den Gasherd sind die Angaben des Geräteherstellers zu beachten.

Alle Löffelangaben beziehen sich, wenn nicht anders vermerkt, auf das gestrichene Maß.

Die in den Zutaten verwendeten Eier haben Handelsgröße L (groß) und sind Güteklasse A. Verwenden Sie immer nur ganz frische Eier! Rohe oder halbrohe Eier sollten von Kleinkindern, Schwangeren, alten Menschen oder Personen mit einem angegriffenen Immunsystem nicht verzehrt werden.

Zitrusfrüchte, von denen die Schale mitverwendet wird, sollten immer aus Bio-Anbau und die Schale sollte unbehandelt sein. Gegebenenfalls die Früchte vor der Verarbeitung gründlich mit heißem Seifenwasser abwaschen, damit Rückstände auf der Schale für den Verzehr entfernt sind.

Über die Autorin

Als Kind liebte Dr. Petra Kolip Kohlrouladen, die geheimnisvoll zugeschnürten Päckchen mit leckerem Innenleben. Heute ist sie Professorin für Prävention und Gesundheitsförderung an der Universität Bielefeld. Dies ist das zweite Kochbuch der Fachbuch-und Ratgeberautorin, die bereits erfolgreich zu einem Thema über Linsen publiziert hat.

Impressum

ISBN 978-3-7750-0778-8

© 2018 Hädecke Verlag GmbH & Co.KG, D-71263 Weil der Stadt
www.hädecke.de und www.mizzis-kuechenblock.de

4   3   2   1 | 2021   2020   2019   2018

Alle Rechte vorbehalten, insbesondere die der Übersetzung, der Übertragung durch Bild- und Tonträger, des Vortrags, der fotomechanischen Wiedergabe, der Speicherung und Verbreitung in Datensystemen und der Fotokopie oder Reproduktion durch andere Vervielfältigungssysteme. Nachdruck, auch auszugsweise, nur mit Genehmigung des Verlages.

Lektorat: **Mo Graff**
Schlussredaktion: **nvsg**

Die Redaktion dankt der Schumacher GmbH, Filderstadt-Bernhausen für die Unterstützung des Fotoshootings mit frischen Kohlköpfen direkt vom Feld.

Layout und Satz: **Julia Graff,** Hädecke Verlag
Gesetzt in der Basic Gothic (von Hannes von Döhren und Livius Dietzel) und Kepler (von Robert Slimbach). Kohlillustrationen auf Grundlage mehrerer Bilder von thinkstock.com
Bild Seite 169: thinkstock.com

Foodfotos und Kohlaufnahmen: **Walter Pfisterer** und **Johanna Gollob,** Stuttgart
Für die Bilder haben die Fotografen das folgende Kameraequipment eingesetzt: Leica S 007 und Summarit-S 70mm aspherical.

Foodstyling: **Jürgen Vondung**
Reproduktion: **Andrea Lauf,** snap-studios, Stuttgart

Printed in Germany 2018

Dieses Buch wurde auf FSC®-Materialien produziert, die alle aus kontrollierten und verantwortungsvollen Quellen stammen.

Ein verlagsneues Buch bekommt man in Deutschland und Österreich überall zum selben Preis. Die kulturelle Vielfalt wird durch die gesetzliche Preisbindung geschützt. In Stadt und Land, im Internet und in jeder Buchhandlung gilt der gebundene Ladenpreis.

Unsere Buchempfehlungen

Horst Scharfenberg
Aus Deutschlands Küchen

Hardcover, 14,5 × 21,5 cm,
775 Seiten, 292 s/w-Illustrationen aus alten Stichen

ISBN 978-3-7750-0415-2

Ein großartiges Koch- und Lesebuch über die deutsche Küche mit ihren Rezepten, ebenso unterhaltsam wie informativ, mit vertraut heimischen und überraschenden Neuentdeckungen geschichtsträchtiger Gerichte.

Achim Schwekendiek
Ingeborg Pils
Zwiebeln & Knoblauch

Hardcover, 19 × 23,5 cm,
176 Seiten, 78 Farbfotos

ISBN 978-3-7750-0678-1

Hier lohnt jede Träne! Ein Buch für leidenschaftliche Topfgucker, gefüllt mit Klassikern und neuen Kreationen, mit Warenkunde und stimmungsvollen Fotografien.

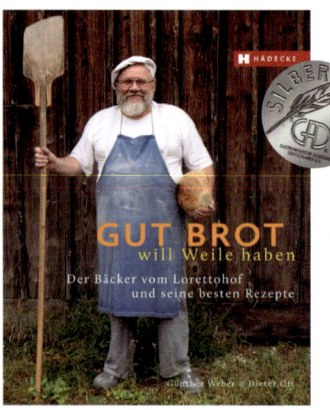

Günther Weber
Dieter Ott
Gut Brot will Weile haben

Hardcover, 18,5 × 24 cm,
168 Seiten, 79 Farbfotos

ISBN 978-3-7750-0653-8

Rezepte für traditionelle Sauerteig- und Landbrote, Kuchen, Klein- und Jahreszeitengebäck nach alter Handwerkskunst. Ausgezeichnet mit der Silbermedaille der Gastronomischen Akademie Deutschlands.

Nicole Schmidt
Heimo Aga
Teigtaschen

Hardcover, 18,5 × 24 cm,
192 Seiten, 202 Reportage- und Foodfotos

ISBN 978-3-7750-0699-6

Eine Reise zu den besten Rezepten der Welt: Dim Sum, Samosa, Manti, Ravioli, Maultaschen & Co. Ausgezeichnet als besonderes Reise-Kochbuch mit dem Buchaward der internationalen Tourismusbörse ITB. Reportagen rund um den Globus mit den typischen Rezepten der jeweiligen Landesküchen.

HÄDECKE

Weitere Informationen über Bücher für Genießer erhalten Sie kostenlos beim Hädecke Verlag GmbH & Co. KG · Postfach 1166 · 71256 Weil der Stadt · Fax +49 (0) 70 33 / 138 08 13 · E-Mail info@haedecke-verlag.de

Weitere Infos rund um unser Buchprogramm finden Sie außerdem unter www.hädecke.de, www.mizzis-kuechenblock.de, facebook.com/hadecke.verlag und instagram.com/haedecke